热活族

身处时代变化潮流中的年轻化生活者

生活者"动"察 2019
The Dynamics of Chinese People
博报堂生活综研（上海）

热活族

文汇出版社

【前言】

生活者的"热活"欲求在改变
人们的消费习惯的同时，
也提升了生活满意度。

近年来，中国经济开始进入稳定增长期。过去被媒体炒得火热的"爆买"等社会现象词也开始淡出人们的视线。此外，像金融科技、共享经济、新零售等数字技术的渗透所带动的消费提升也开始趋于平静。并且，中国开始逐步进入少子老龄化这类的社会新闻也频频出现在人们眼前。因此，我们也听到了不少认为中国消费市场会停滞不前的悲观预测。在面临这样的社会环境变化的当下，我们却发现依旧成长的中国消费市场与生活者动态，这两者的关联性成为了启动本次研究的初衷。

身为研究员的我们，常常会通过身边的实例，去观察生活者的生活实态并进行研究。例如，从以游戏、时尚、艺术为主的颇受年轻人瞩目的领域出发，我们发现在年轻人中出现了诸多喜爱"沉浸式"的体验型的消费领域。此外，当下中老年人的消费意愿也完全不输给年轻人，他们也十分喜爱旅行等娱乐方式。我们发现，生活者开始在自己的兴趣爱好以及热衷的事物上投入更多的时间与金钱。

我们在进行研究的过程中发现，在这样的变化之中，虽然生活者处于一个物质条件十分充裕的环境，但对于生活本身仍存在着某种空虚感。消除这种空虚感的途径并非只是依靠外部环境因素来解决，而是通过自身投入热衷事物的方式来获得自我内在的成长，获得满足感。

此外，博报堂生活综研(上海)的自主调查*结果表明，当下的中国生活者非常愿意接受来自年轻一代的影响，世代之间的代沟也在逐渐缩小。年轻化的社会现象正自下而上地不断扩散，成为了一种新的生活价值观。拥有这种以投入热衷事物的方式来获得自身的持续成长，保持年轻意识状态的生活者，我们将其定义为"热活族"。

我们通过深度挖掘正在经历社会大环境变化的中国生活者的行为习惯，分析其生活方式背后更为深层的欲求变化，并致力于全新解读与以往完全不同的生活行为和意识的变化。此外，我们从洞察欲求出发，提出能够进一步提升生活者消费意欲的市场营销视点。

我们由衷地希望，本书中所提及的"热活族"视角与假说，能够为各位同仁在未来的营销工作中带来更多的帮助。

博报堂生活综研(上海)全体研究员

※调查:「年轻化意识调查2019(n=5,000)」2019年10月实施

目录

前言   2

1. 中国的年轻化生活者   6

2. 年轻化生活者的诞生背景   24

3. 年轻化所带来的生活者欲求变化   34

4. 应对生活者变化的市场营销视点   72

后记   98

资料集   102

1

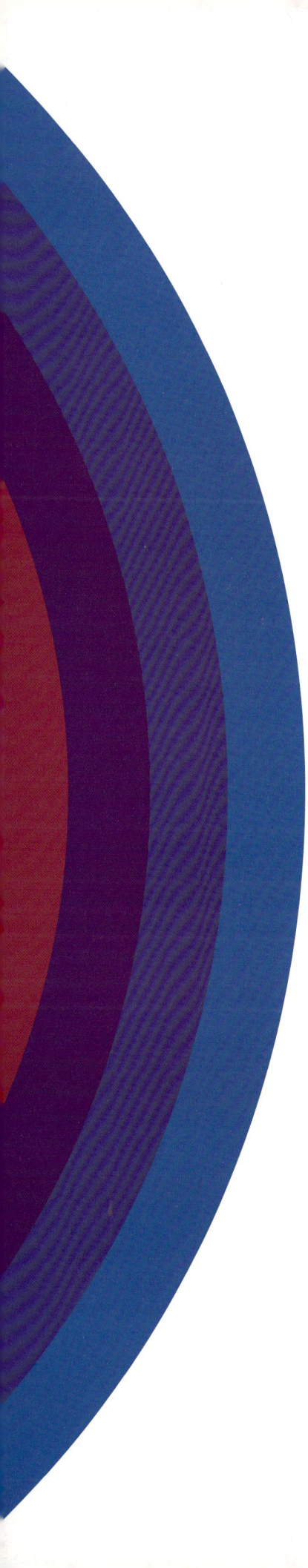

中国的年轻化生活者

趋于年轻化的生活者

近年来,尽管人们对经济增速放缓有所耳闻,但是生活者对于享受生活的热情依旧高昂。我们可以将这一现象称为生活者的年轻化。

首先,让我们从年轻人的生活方式开始向大家逐一介绍。正如在日本有成千上万的人热衷于虚拟偶像一样,最近,在中国各地有超过数万名的粉丝参加了类似的虚拟偶像演唱会。人们也在快速的接受这样的新兴事物,并享受其带来的无穷乐趣。

当下,一种名为"剧本杀"的真人角色扮演游戏正受到年轻人的火热追捧。这款游戏的爆点在于,每位玩家都需要扮演游戏中的一个角色,完成属于自己的剧本。它的主要特点为"沉浸式体验",这正是当下给生活者带来生活热情的娱乐关键词。另外,如果将目光转向近年来发展迅速的内陆城市,我们会发现即使到了深夜,大街小巷也依旧充满着年轻人活力四射的喧嚣。"夜间经济"正作为消费新业态不断蓬勃发展,持续扮靓城市生活。

在中国,年轻人还将会继续以社会主力军的姿态,引领新兴的生活方式不断向前发展。

洋溢着享受生活热情的
年轻人的生活方式

着迷于虚拟偶像的
年轻人

在一场以年轻用户为主的网络视频平台所主办的线下演出中，虚拟偶像通过3DCG技术和全息投影方式作为重要嘉宾登场。2019年，已经有数万年轻人加入了在现场为虚拟偶像打CALL的热潮。他们面对所喜爱的虚拟偶像，发出了追捧真人偶像都无法比拟的热情呐喊。

热衷真人角色扮演游戏的
年轻人

剧本杀是一种流行的社交游戏：由一名玩家扮演杀人凶手，其余玩家各自扮演其他角色，通过拼凑各自的线索，经过逻辑推理后找出凶手。年轻人通过剧本所赋予的角色身份与故事情节，享受着沉浸式的体验。

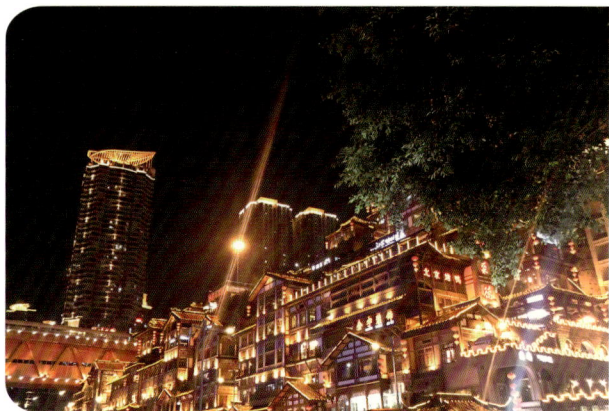

点亮内陆城市夜间经济的
年轻人

"夜间经济"作为刺激整体经济的一环，正在各大城市如火如荼地进行着。不仅是沿海城市，内陆城市的灯火在深夜里也依旧璀璨明亮。繁华商业街上热情四射的年轻人唤起了夜间城市的活力。

中老年生活者的年轻化

这种享受生活的热情不仅仅只存在于年轻人的身上,中老年生活者在享受生活的热情上也丝毫不输给年轻人。

最近,重新拍摄结婚照在中老年夫妇中成为一种新的流行趋势。他们年轻时没有举办过像样的婚礼,在参加了当下年轻人的婚礼后,心中不禁唤起了当初结婚时的热情。除此之外,近年来上了年纪的人对美妆和时尚的追求也不可小觑。有许多母亲开始向女儿讨教时尚潮流和化妆技巧,她们不被年龄的增长所阻碍,对美的执着自始至终保持着很高的热情,完全不输给自己的女儿。同时,热衷于游戏的老年人数量也开始增加,其中甚至有八十多岁还沉迷于网络游戏的老爷爷。他们使用着跟年轻人一样的网名和流行语,通过与年轻人的交流,热情地享受着生活。

一直以来引领生活潮流趋势的年轻人,他们积极享受生活的热情态度也已经扩散到中老年群体,超越了年龄和地域的界限。生活者整体的年轻化现象也正在越发火热地蔓延。

生活热情上不输给年轻人的
年长者的生活方式

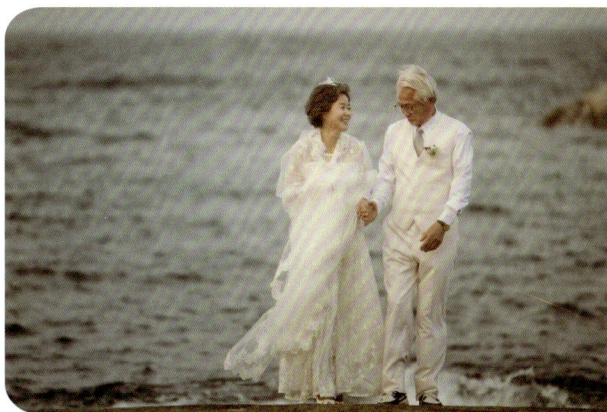

重拍婚纱照在中老年
夫妇中成为新流行

近年来，年轻夫妇对于婚纱照的要求可谓万分讲究。在大街小巷，随时可以看到身着各式各样新郎新娘装的新婚夫妇。受年轻人的影响，最近很多中老年夫妇开始重新拍摄婚纱照，这也给婚纱摄影行业带来了新的商机。

从女儿身上学习时尚美妆
知识的五十多岁母亲

女儿教母亲时尚与美妆的现象也变得越来越普遍。为此，有些专为年轻人设计的化妆品也会被年长一代的女性所喜爱。在很多中国家庭中，妈妈和女儿的关系相比母女，更像是姐妹。

和年轻人一起玩网络
游戏的八十多岁老人

当下，玩网络游戏的人群下至小学生，上至老人。你很难从昵称和聊天方式上辨别出玩家的真实年龄。

积极接受年轻人价值观的中国生活者

那么，究竟是怎么样的年轻化意识在扩散呢？博报堂生活综研(上海)为了探寻与深挖生活者的年轻化意识，实施了多样化的调查。基于本次在中国、日本、美国三国实施的大规模调查——"年轻化意识调查2019 (n= 5,000)"的调查结果，我们会逐一向大家介绍关于生活者的年轻化意识。

调查结果显示，与其他国家相比"和两三年前相比，开始认为年轻人是社会的主角"，"和两三年前相比，开始认为更受年轻人影响了"，这两种意识在中国的占比尤为突出。从这一结果可以看出中国生活者整体都在积极接受着年轻一代所给予他们的影响。

另外，将这些内容在年龄层上进行分层后发现，"认为年轻人是社会的主角"的意识，无论在哪个年龄层，占比都非常高。我们可以鲜明地看到，"受年轻人的影响更多了"的意识与年龄成正比增长。而从地域区分上看，我们发现在各线城市中，"认为年轻人是社会的主角"的意识依旧占很大的比重。"受年轻人的影响更多了"的意识则在近年发展显著的新一线及以下城市占比较高。

与年轻人相关的意识

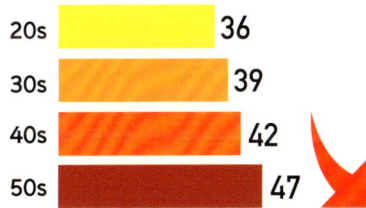

和两三年前相比, 开始认为年轻人是社会的主角了 (%)		
中国	47 | 44 | 9	
日本	19 | 68 | 13	
美国	39 | 48 | 13	

和两三年前相比, 开始更受年轻人的影响了 (%)		
中国	40 | 48 | 13	
日本	14 | 69 | 17	
美国	27 | 48 | 26	

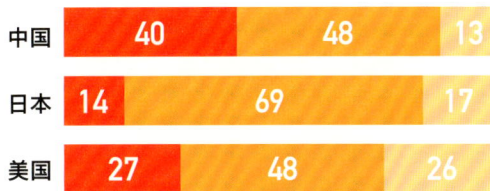

■ 与以前相比,开始这么想了
■ 没有改变
■ 与以前相比,开始不这么想了

出处:博报堂生活综研(上海) 年轻化意识调查2019

年轻人意识的扩大

和两三年前相比,开始认为年轻人是社会的主角了

回答"与以前相比,开始这么想了"的数值 (%)

"中国"各年龄

20s	47
30s	44
40s	49
50s	46

和两三年前相比,开始更受年轻人的影响了

回答"与以前相比,开始这么想了"的数值 (%)

"中国"各年龄

20s	36
30s	39
40s	42
50s	47

和两三年前相比,开始认为年轻人是社会的主角了

回答"与以前相比,开始这么想了"的数值 (%)

"中国"各城市级别

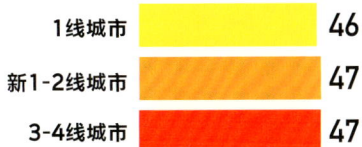

1线城市	46
新1-2线城市	47
3-4线城市	47

和两三年前相比,开始更受年轻人的影响了

回答"与以前相比,开始这么想了"的数值 (%)

"中国"各城市级别

1线城市	36
新1-2线城市	39
3-4线城市	43

出处:博报堂生活综研(上海) 年轻化意识调查2019

13

生活者印象中 "年轻人"的定义

生活者是如何看待"年轻人"的呢?根据我们"对年轻人的印象"的调查结果显示,"活力""年龄""心态年轻""有朝气"这样的关键词排名靠前。另外,对于年龄的上限也拓宽至"40岁以下"。在对生活者的采访中,有人说道:"年轻更多是一种心态,现在很多生活者都很年轻。像比实际年龄,一直保持着一种享受生活的心态的人更接近于年轻人。"生活者对于年轻人的定义是"一种超越年龄限制充满活力的存在"。

生活者对于"年轻人"的印象

一种超越年龄限制充满活力的存在

"年轻人"的定义

心态开放　精力　青春　时尚　18岁以上

明朗

上进心　心态年轻　30岁以下　热情

潮流　激情　活力　阳光

玩　年龄　梦想

有朝气　创意

努力　健康　理想　挑战

乐观的　40岁以下　积极的

出处:博报堂生活综研(上海)消费晴雨表调查 2019年10月

我所认为的「年轻人」

所谓年轻人，就是要有接受新事物的开放态度和适应能力，然后不断学习、不断挑战。
（54岁女性·公司职员·北京）

是不是年轻人，更多取决于心态。是否年轻不能一概地用年龄来判断，我觉得当下很多人都保持着年轻。有着享受生活态度的人，在我心中更符合年轻人的定义。
（30岁女性·幼儿园教师·杭州）

所谓年轻人，是积极、有热情，做自己想做的事情，学习自己想学的东西，积极享受自己想要的生活。
（46岁女性·家庭主妇·广州）

出处：博报堂生活综研（上海）年轻化生活者访谈

各年龄层间的意识差距正在缩小
年轻化将成为长期趋势

纵观长期发展趋势,我们发现年长一代人的意识行为开始逐渐接近年轻一代。根据博报堂集团生活者数据库Global HABIT的数据,二十多岁人群与其他年龄层人群的数值差距在过去十年中已经减半。我们可以看出,"年轻化"这一变化并不是一时性的,而是一种在长久持续的趋势。

138个意识行为调查项目中
20多岁人群和整体人群的调查结果差距总量的变化

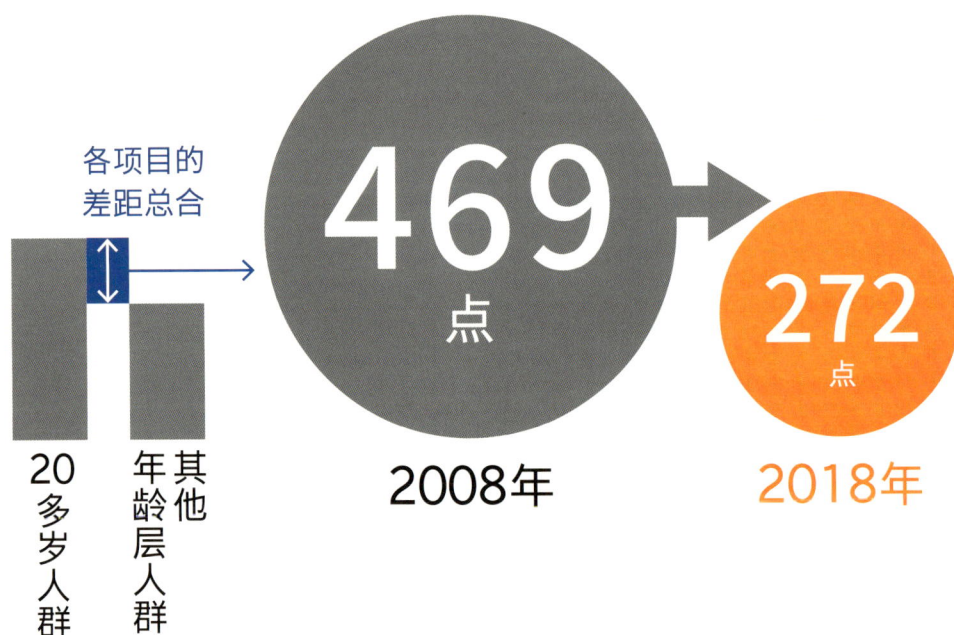

各项目的
差距总合

20多岁人群

其他年龄层人群

469点

2008年

272点

2018年

出处:博报堂Global HABIT

精神年龄低于实际年龄的中国生活者

让我们试着从"精神年龄"的视点来看中国生活者的年轻化现象。中国生活者的精神年龄平均为31.9岁。这个数字虽然稍低于日本,但是和美国相比差距明显。而从地域上来看,精神年龄比自己实际年龄更年轻的现象也呈现相同趋势,年纪越长的人实际年龄与精神年龄的相差值也会越大。

20-59岁生活者的精神年龄

平均 **31.9** 岁

日本: 32.9岁
美国: 37.1岁

20s	26.0岁	1线城市	31.8岁
30s	30.5岁	新1-2线城市	31.7岁
40s	36.0岁	3-4线城市	32.3岁
50s	41.3岁		

出处:博报堂生活综研(上海)年轻化意识调查2019

超越年龄层并逐渐扩大的年轻化

20多岁人群

虽然被误解为消极的一代，
但实际上是憧憬未来，
拥有满腔热情的生活意识。

让我们看看各个年龄层的年轻意识差异。在提及二十多岁年轻人的特征时，"佛系"这一词经常被用来表示消极等含义，但是从定量调查结果来看，比起"佛系"的消极，他们充满热情，相信自己的未来有无限的可能性，可能这才是当下年轻人的真实写照。

精神年龄比实际年龄年轻的回答比率

20多岁人群 42.7%

认为自己的精神年龄更年轻的理由

无论面对怎样的困难，我都希望保持年轻的思维方式。所以就算面对困难，也决不放弃，总是向着梦想前进。

（20岁男性·上海·精神年龄18岁）

22岁正是进入职场的年龄，我现在依旧保持初心，对生活充满了热情，感觉我的未来仍有无限可能。

（29岁女性·北京·精神年龄22岁）

出处：博报堂生活综研（上海）年轻化意识调查2019

"单身族"和"丁克族"增多，意识上还延续着年轻时充满热情的生活态度。

在三十岁的一代人中间，"单身狗"一词被用得不亦乐乎，也有越来越多的年轻人选择结婚但不生孩子，成为"丁克族"。这样的生活方式在年轻人中不断渗透。因为他们的生活方式和意识与二十岁时相比变化不大，这也使得他们可以维持较高的生活热情。

精神年龄比实际年龄年轻的回答比率

30多岁人群 60.7%

认为自己的精神年龄更年轻的理由

我一直觉得自己很年轻、有活力，想做很多新的事情，不断地挑战更多新的课题。

（38岁男性·襄阳·精神年龄20岁·未婚）

我仍然喜欢年轻新奇的事物，保持着乐观积极的心态不断前进。

（31岁女性·佛山·精神年龄25岁·已婚未育）

出处：博报堂生活综研（上海）年轻化意识调查2019

40·50多岁人群

经济和时间的充裕，
让他们拥有重新挑战
新事物的年轻人心态。

　　四十至五十岁人群认为自己的精神年龄低于实际年龄的倾向非常明显。四十多岁人群中有七成的人、五十多岁人群中有八成的人认为自己的精神年龄低于实际年龄。中老年人群对年轻人的生活十分憧憬，从育儿和工作中解放出来的他们，拥有了重新挑战新事物的热情。

精神年龄比实际年龄年轻的回答比率

| 40多岁人群 | 73.2% | 50多岁人群 | 81.3% |

认为自己的精神年龄更年轻的理由

没有孙子的话会一直年轻下去。我没有孙子，所以还很年轻。

（41岁女性·重庆·精神年龄30岁·已婚已育）

我感觉不到自己上了年纪。对人生和新事物有强烈的兴趣，喜欢学习新事物。

（56岁女性·西安·精神年龄40岁·已婚已育）

因为我们家也没小孩，所以丈夫对我比别人都来得体贴。

（46岁女性·上海·精神年龄33岁·已婚未育）

学习新事物或至今为止没有接触过的知识，持续更新自己的知识内涵。

（52岁女性·天津·精神年龄35岁·已婚已育）

出处：博报堂生活综研（上海）年轻化意识调查2019

年轻化现象的结构

正如刚刚看到的那样，年轻化现象超越了年龄层，正以各种各样不同的形式进行着。尽管每一代人的生活环境具有差异性，但是不管在哪一代人当中都拥有着享受生活的热情。

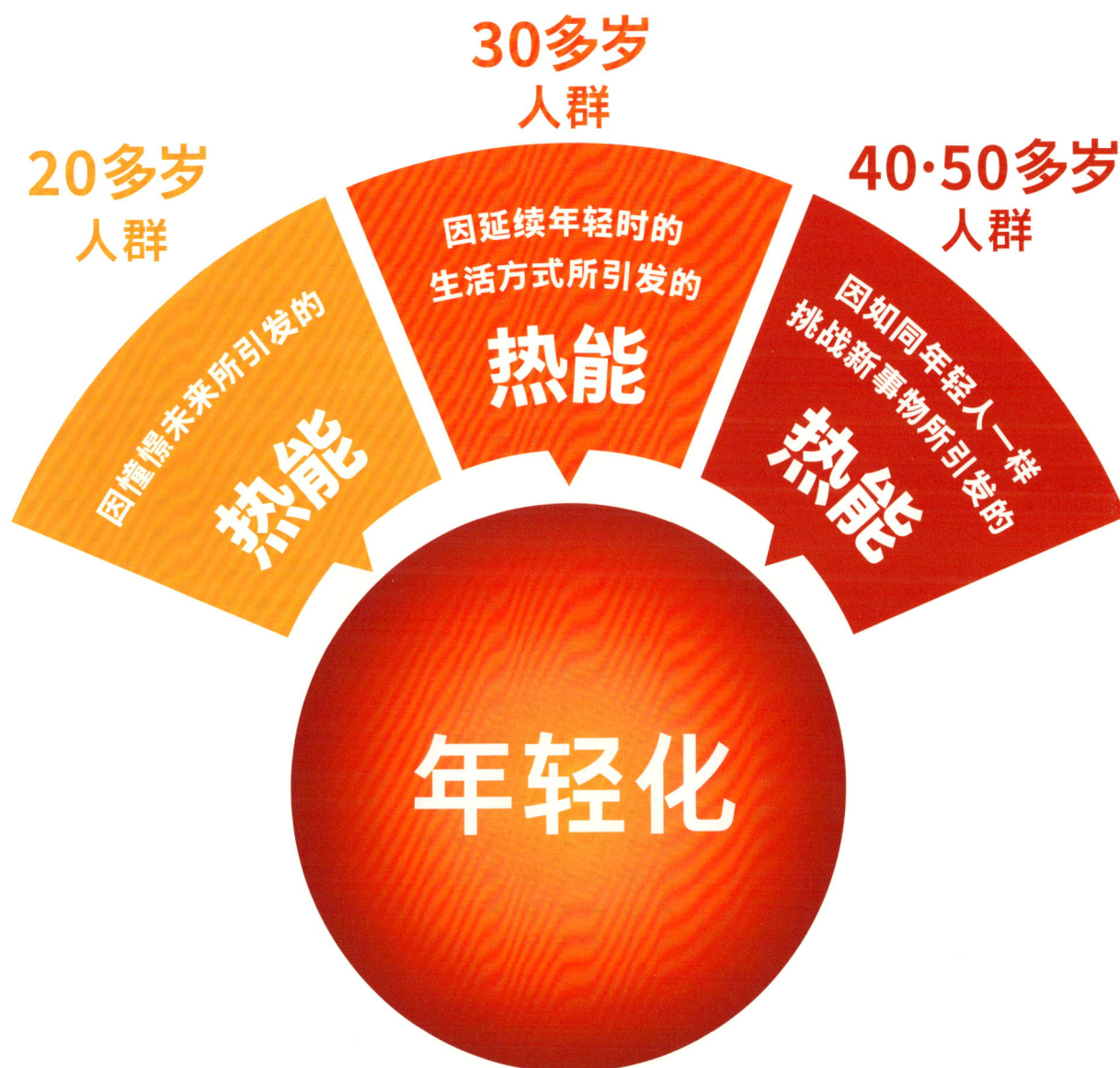

20多岁人群

因憧憬未来所引发的 **热能**

30多岁人群

因延续年轻时的生活方式所引发的 **热能**

40·50多岁人群

因如同年轻人一样挑战新事物所引发的 **热能**

年轻化

对于中国生活者来说"年轻人"是

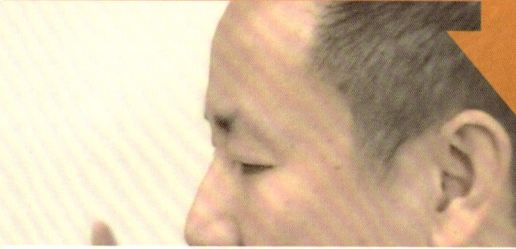

超越年龄界限
拥有享受
生活热情的存在

而"年轻化"则是

在不同年龄层
都出现了追求并享受
生活热情的现象

2

年轻化生活者的
诞生背景

年轻化趋势的社会背景

正在发生时代潮流变化的中国

那么，年轻化的生活者所处的社会环境又是怎样的呢？

当下的中国，经济增长速度开始放缓。2019年实际GDP增长率预计为6.1%，虽然与其他国家相比还维持在较高的水平线上，但却是中国近20多年来最低的增长数值。同时，各大企业招聘意向的降低以及破产企业的增加（2018年至2019年申告破产企业数量增加180%）（※1），都令广大生活者对今后的生活是否会发生变化产生担忧。

近年来，为生活者提供便利的高科技在广泛渗透的同时，因为普及率的提高，导致生活者对其的新鲜感减弱。

另外，在这20多年间中国的人口结构也发生了翻天覆地的变化，中国从青年人口高占比的社会结构快速步入少子老龄化社会，40岁以上人口占比从2000年的31.8%预计将会在2020年上升至47.7%。经历了社会持续发展的生活者，因"经济""科技""人口结构"的趋势变化，其享受生活的热情也呈现出降温的趋势。

(※1)出处：中华人民共和国最高人民法院数据，博报堂生活综研（上海）整理

中国社会所发生三个时代潮流变化

| 经济增长的
减速 | 科技生活所带来的
新鲜感减弱 | 人口构成的
老龄化 |

经济增长的减速

GDP增长率（2010-2019）

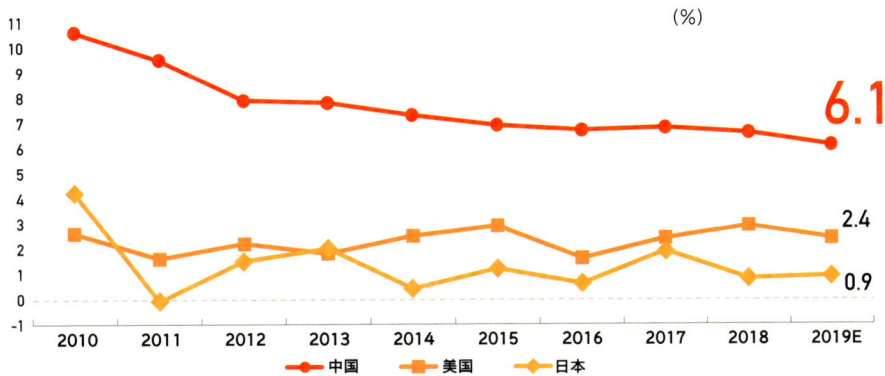

(%)

6.1

2.4

0.9

-◆- 中国　-■- 美国　-◆- 日本

出处：IMF, World Economic Outlook Database, October 2019

科技生活所带来的新鲜感减弱

电子支付	网约车	外卖
实体店铺的手机支付比率	网约车使用率	外卖配送使用率
2017年　65.5%	2018年　43.2%	2018年　45.4%
2018年　67.2%	2019年　39.4%	2019年　49.3%

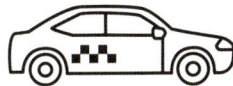

出处：CNNIC

人口构成的老龄化

人口结构的趋势预测

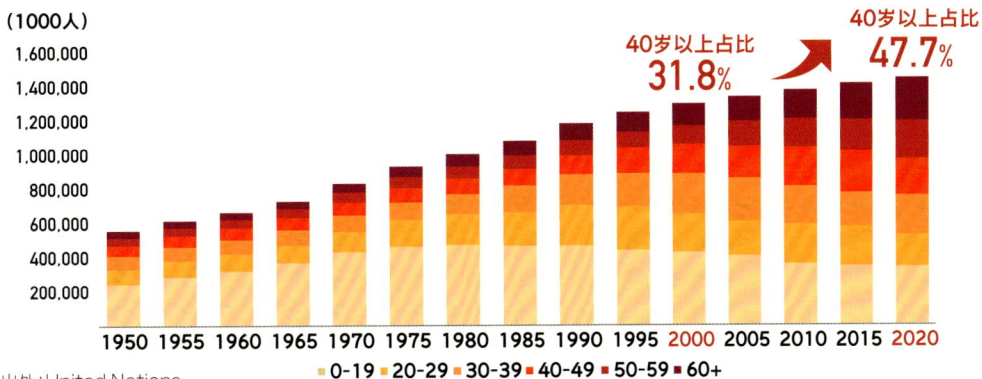

(1000人)

40岁以上占比
31.8%

40岁以上占比
47.7%

■ 0-19　■ 20-29　■ 30-39　■ 40-49　■ 50-59　■ 60+

出处：United Nations

信息环境变化对于年轻化趋势的影响

智能手机所带来的信息同质化与长时间且被动地信息接受推动年轻化的发展趋势

　　由于时代潮流的变化,生活者对于享受生活的热情有着降温的征兆,而信息环境所发生的变化,则刺激了生活者有了更多的享受生活的热情。

　　在中国,随着智能手机的迅速普及,各年龄层的人都在广泛应用互联网。2019年中国移动互联网用户高达8亿4681万人,普及率达60.7%(※1)。而互联网用户也在向中老年人群延伸,四十多岁以上人群的互联网使用率保持持续上升。

　　随着智能手机的普及,人们的日常生活也被手机所填满。在中国,"每天看手机超过5小时"的生活者占32%,仅次于美国。在大街上,包括中老年人在内低头看手机的"低头族"随处可见。智能手机的普及打破了各年龄层之间的隔阂。即便是年长的生活者也会像年轻人一样,使用短视频APP来充实自己的生活。

　　最新资讯之所以能拥有如此强大的传播效应,离不开中国的IT巨头所带来的平台效应以及大数据所带来的精准流量。生活者经常使用的购物APP、口碑APP等,都会使用大数据所带来的"匹配使用者的喜好对内容进行推送"的功能,这使得中国生活者在潜移默化中形成了被动接受信息的习惯。

　　各年龄层的人们长时间使用手机,以及同质化的信息和被动接受信息习惯的养成,让年轻一代的最新信息得以在各年龄层间广泛传播。这也将年轻人的生活方式传递到了各年龄层,进一步促进了生活者的年轻化。

(※1)出处:CNNIC

各年龄段的人都在广泛使用互联网

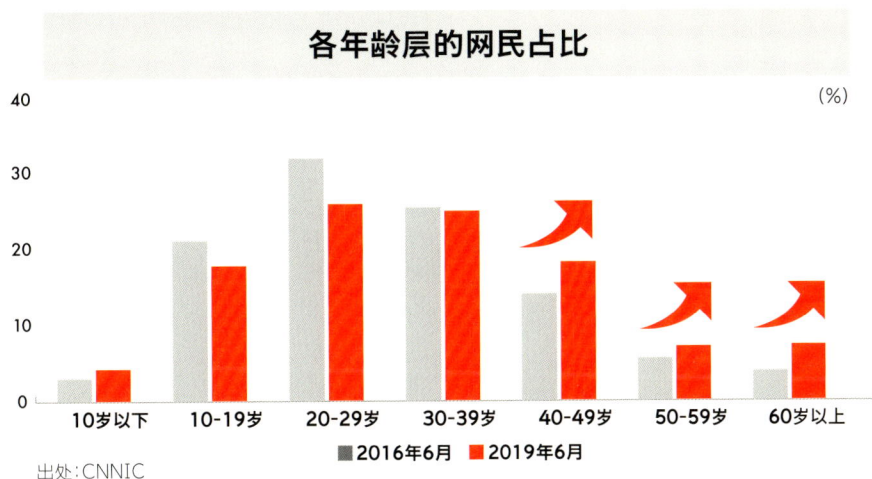

各年龄层的网民占比

（%）

■ 2016年6月　■ 2019年6月

10岁以下　10-19岁　20-29岁　30-39岁　40-49岁　50-59岁　60岁以上

出处：CNNIC

长时间使用手机

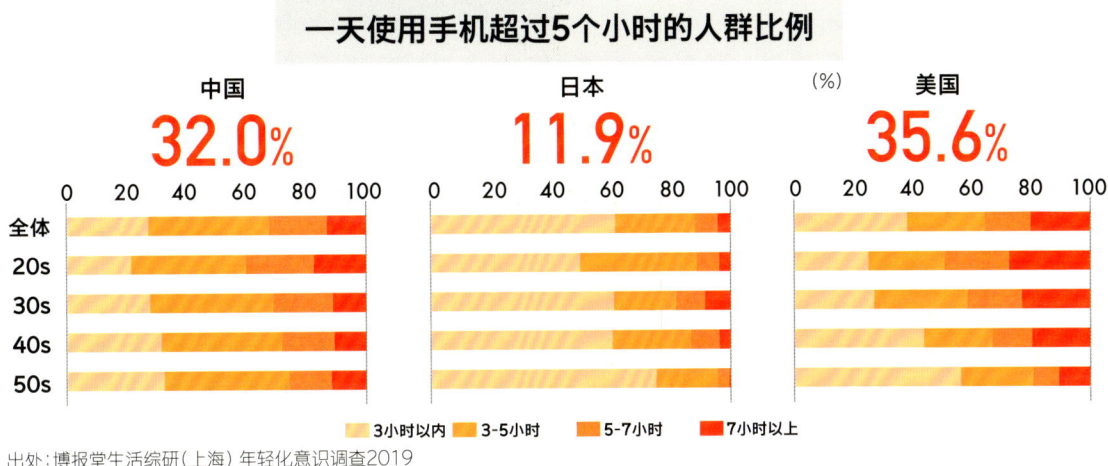

一天使用手机超过5个小时的人群比例

中国
32.0%

日本
11.9%

（%）

美国
35.6%

全体　20s　30s　40s　50s

■ 3小时以内　■ 3-5小时　■ 5-7小时　■ 7小时以上

出处：博报堂生活综研（上海）年轻化意识调查2019

和年轻人一样熟练使用APP的中老年人

中国移动网络用户的总数，从2016年6月开始到2019年6月为止三年间增加了30%，达到了8亿4681万人。五十岁以上用户数在三年间增长了一倍，达到了1亿1519万人（推算）。另外，从APP的安装数来看，全体人群平均会安装45个APP，而五十岁以上用户平均会安装36个APP。老年人也和年轻人一样，会使用各种各样的APP。

用户人群从年轻人扩大至中老年人的APP示例

游戏APP　　短视频APP　　外卖APP

二手买卖APP　　交友APP　　网络广播APP

出处：CNNIC

29

中央及地方政府的相关政策
对于年轻化的影响

地方经济与夜间经济的活跃
对于年轻化的影响

另外,中央政府及地方政府实施的政策所产生的影响也不可忽视。在内陆城市,刺激内陆地区发展的各项政策也开始初显成效。通过放宽户籍制度的门槛确保了年轻劳动力的流入,吸引更多年轻人留在内陆城市。

由于人才向内陆城市的流动,让成都、重庆等内地城市的商业、娱乐业的开发速度甚至超过北上广等一线城市,从而将享受生活的热情扩散至更广泛的区域。

近年来,在多个城市实施了"夜间经济"政策。通过针对刺激生活者夜间的消费习惯,来拉动经济增长。纵观整体,不同年龄层以及从沿海至内陆不同城市的生活者,享受生活的热情都有所上升。

通过充分利用年轻人的力量来提高城市活力的同时,地方城市还扩大商业、娱乐业的发展并实施夜间经济政策,由年轻人所带来的享受生活的热情推动了社会整体年轻化的发展。

选择地方城市的年轻人增多

放宽户籍制度

2019年4月,国务院发表了《2019年新型城镇化建设重点任务》,促进户籍改革,除人口规模500万以上的一线、新一线城市以外的各城市允许人口自由流动。至2019年2月18日,包括深圳的超过十六个城市发表了新的人才引进制度。

大学生的城市留存率

(%)

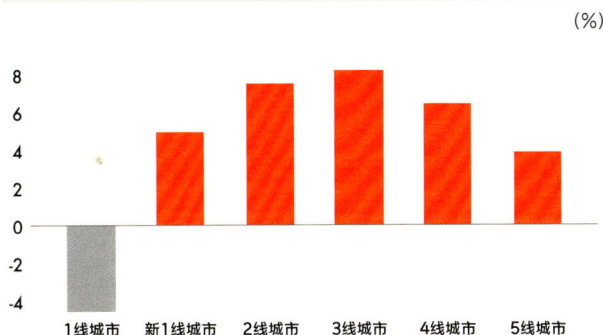

出处:第一财经   数据:智联招聘

地方城市的商业娱乐设施快速增长

酒吧数量

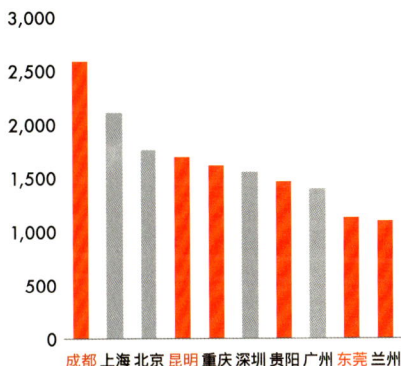

夜间营业饮食店数量

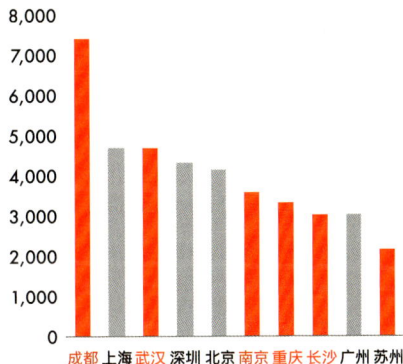

健身房数量

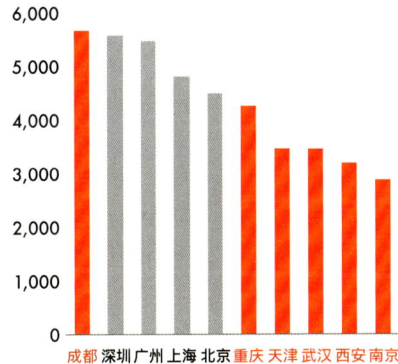

出处:根据大众点评数据博报堂生活综研(上海)整理

促进夜间经济活性化的政策

夜间经济的概要

国务院于2019年8月发布了《关于加速成长畅通促进贸易消费的意见》,希望以此扩大消费。在其中涉及了有关夜间经济的的内容。推进住房和城乡建设部、交通运输部、商务部、文化观光部、应急管理部和其他部门一起进行跨部门的合作。

夜间经济推广地区

北京、上海、广州、成都、重庆、天津、济南、三亚、长沙、厦门、南京、西安、青岛、南昌、石家庄、宁波等。

出处:国务院资料

推动年轻化的社会背景

综上所述,随着中国经济、科技、人口结构的时代潮流变化,从社会环境方面来看,在享受物质消费所带来的生活热情有着降温征兆的同时,由于信息环境的变化和中央及地方政府的政策引导,享受生活的热情被持续激发,这使得「享受生活的热情」与「时代潮流的变化」相互碰撞。

但是,对于经历过社会高速发展的生活者来说,他们对于未来有着更为积极的态度,这也推动着整个社会的"年轻化"。

那么,关于今后"年轻化生活者"的发展趋势,我们会在下一章节,针对通过生活者意识行为的定性定量调研来进行更为全面的分析。

社会环境

- 经济增长的减速
- 科技生活所带来的新鲜感减弱
- 人口构成的老龄化

社会发展的时代潮流变化
外部因素所带来成长感的饱和

生活者的年轻化
拥有享受生活的热情

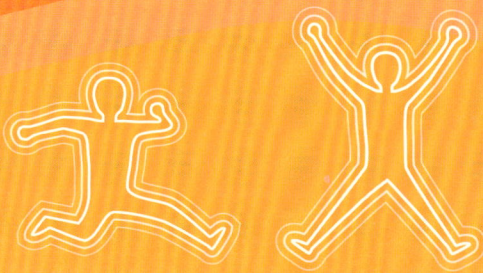

信息环境
对生活热情的刺激

生活环境

国家与地方政策
对生活热情的刺激

3

年轻化所带来的
生活者欲求变化

面对时代潮流的变化
年轻化生活者的欲求
又将发生怎样的改变呢？

我们将进一步深入解读

年轻化生活者身上

所发生的变化

开始对现有生活产生
某种空虚感的年轻化生活者

面对时代潮流的变化,生活者正在逆流而上,朝着年轻化趋势不断前进。接下来,我们想更深一步对生活者的内心进行洞察,探究其内在欲求的变化。

本次,我们对精神年龄比实际年龄年轻的生活者进行了一系列采访。首先我们询问了生活者对生活现状的看法。调查发现,类似"对至今为止的生活感到更空虚了""虽然想体验新事物,但找不到适合的目标"等回答都有所出现。由此可见,在社会整体环境迎来变化的同时,人们开始无法满足于当下的生活方式。

在大规模的样本调查结果中,也显示了相同的趋势。回答"和两三年前相比,开始对现在的生活感到更有不足之处了"的被访者人数上,中国有着最高的占比。

和两三年前相比,
开始对现在的生活感到更有不足之处了

(%)

	与以前相比,开始这么想了	没有改变	与以前相比,开始不这么想了
中国	43	44	13
日本	24	62	13
美国	37	42	21

出处:博报堂生活综研(上海)年轻化意识调查2019

开始对生活感到无法满足的生活者心声

25岁时还会冲动行事，但从三年前我就慢慢变了。像最近开始讨厌追捧和炫耀奢侈品了，玩得太多了，偶尔也会感到挺空虚的，还是追求实际点的东西会更好。

（32岁女性·公司职员·上海）

最近，信息同质化现象很严重，优质内容也少了。我觉得现在媒体的主要问题是缺乏独特性，现在以新的视角进行信息传递的媒体很少，人们常常会被那些虚假信息所欺骗、玩弄。

（47岁男性·公司职员·上海）

我挺想体验新的东西，但是现在没有什么能让我感到好奇的，而且我也不想在手机上浪费更多时间。最近，为了不使用手机，在用一个叫"种树"的APP。这个APP的特别之处是只要你不碰手机，树就会慢慢长大，时间越长，长得越高。时间真的太重要了，不能轻易浪费。

（30岁女性·幼儿园教师·杭州）

出处：博报堂生活综研（上海）年轻化生活者访谈

年轻化生活者开始追寻
生活中值得热衷的事物

面临社会环境的变化,开始对生活感到无法满足的生活者欲求究竟又是什么呢?

在对年轻化生活者的采访中,我们也询问了他们自己近期的变化。他们提到"我最近在寻找对我来说真正有意义、能全身心投入去热爱的事情""为了让自己活得快乐,我开始热衷于年轻人的爱好,并使其成为我生活中的一部分"等等。我们可以发现,为了改变对生活现况感到的不足,他们开始追寻值得热衷的事物。

通过大规模的样本调查也可以发现,"和两三年前相比,变得想要拥有热衷的事物了"的问题中国受访者的回答比率更高。并且,这种追求热衷事物的想法不论年龄、地域,都呈现出很明显的趋势。正如这样,生活者为了释放因年轻化而带来的生活热情,开始追寻真正值得自我热衷的事物。

和两三年前相比,
开始变得想要拥有热衷的事物了

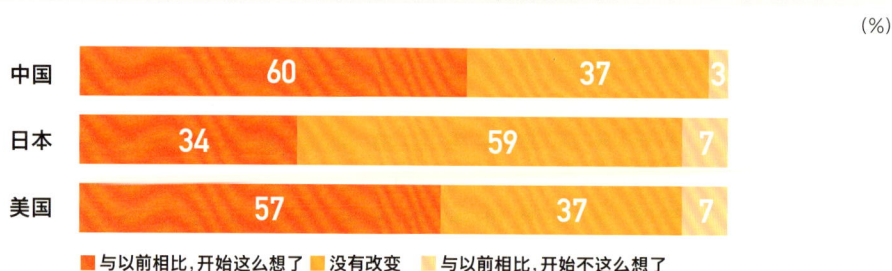

(%)

	与以前相比,开始这么想了	没有改变	与以前相比,开始不这么想了
中国	60	37	3
日本	34	59	7
美国	57	37	7

出处:博报堂生活综研(上海)年轻化意识调查2019

想获得热衷事物的生活者心声

以前的生活对我来说没什么意义，所以一直在寻找有什么能让我着迷的东西。真是在那时，我遇见了跑步。

（32岁女性·公司职员·上海）

平时的工作很闲，每天会看五六个小时的手机。我开始接触到年轻人的舞蹈、歌曲、时尚等各种新资讯，并且十分向往像年轻人那样的生活。为了让自己活得更快乐充实，我开始热衷于年轻人的兴趣爱好，并慢慢地将其融入了我的生活。

（53岁女性·保安·北京）

我小时候喜欢画画，但是很遗憾没能接受专业的培训。现在因为有时间了想重新拾起画画，所以开始上美术学校。

（50岁女性·公司职员·上海）

出处：博报堂生活综研（上海）年轻化生活者访谈

年轻化生活者
开始寻求热衷事物的理由

正如我们所看到的那样，年轻化生活者拥有享受生活的热情。然而，在社会时代潮流不断变化的当下，他们对生活也逐渐产生了某种空虚感。

于是，为了改善生活中这种空虚感，他们开始寻求可以发散热情的出路，以此来充实自己的生活。而这正是年轻化生活者在生活中不断寻求热衷事物的理由所在。

年轻化生活者的欲求变化

年轻化生活者

拥有享受生活的热情

▼

对生活感到不足的生活者

寻求释放热情的出路

▼

寻求热衷事物的生活者

热衷的事物　　热衷的事物

发散享受生活的热情

20多岁～30多岁人群"正在热衷的事物"

跑酷

跑酷是一件特别酷的事！但需要很好的身体素质，只能每天利用休息时间在户外练习。很多人经过的时候都会停下来看，还会相互议论，但我不在乎，自己开心就好。

27岁·男性·大专教师

收集树叶做标本

每到一个新地方都会收集一些不同的树叶，把它们夹到书里风干做成标本。希望能通过这种方式珍藏住一份记忆。

22岁·女性·学生

手账

因为想要记录生活中，便开始用手账记录生活。在写满一本的时候，特别有成就感。有时候翻看之前的手账，就能回忆起一些生活中的美好来，感到很幸福。

22岁·女性·学生

开放式卡拉OK

常见的迷你卡拉OK虽然多是私密空间，但最近很享受一种开放式的迷你卡拉OK。一开始有点紧张，但很享受别人听我唱歌的感觉，它让我更自信更大胆。

23岁·女性·学生

为了把握年轻化生活者当下的生活方式，我们征集了"生活者所热衷的事物"照片。接下来会通过照片集的形式，介绍中国各地各年龄层生活者所热衷的事物。

手工制作桌游

购买各种各样的涂料，自己制作桌游棋子。自己制作的棋子因为灌注了自己的灵魂，可以更深入地享受对战。

32岁·男性·公司职员

穿着汉服参加活动

经常参加一些以汉服为主题的时装秀、茶艺表演等活动。仿佛自己穿越到了古代，体验古代文化是很快乐的。

22岁·女性·学生

滑板

家附近商场旁的广场上，从学生到上班族大家在一起滑滑板很是开心。玩街头文化的人品味也很好，可以感受到新潮的生活方式。

26岁·男性·互联网公司

密室逃脱

因为厌倦每天在家玩游戏，定期会和朋友去玩密室逃脱。虽然很花费体力和脑力，但可以比网络游戏获得更为充实的体验。

32岁·女性·公司职员

40多岁以上人群"正在热衷的事物"

绘画

退休后,为了拓展兴趣便开始上老年大学学习绘画。自己也在家里一边看网上视频一边学习。最近,和班上同学一起在老人大学内举办了画展。

64岁·女性·已退休

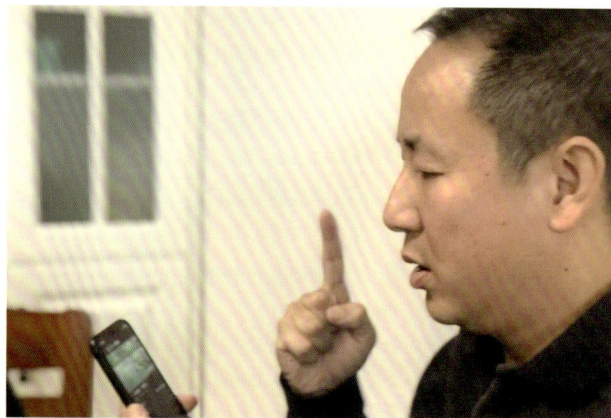

配音APP

平时尝试各种各样新的APP,最近沉迷于一个可以对知名电视剧和电影进行后期录音的APP。

44岁·男性·高校行政人员

"说走就走"的旅行

利用周末和休假,随心所欲地前往我想去的地方。虽然我也会和朋友一起或者跟团旅游,但是背上行囊独自旅行真的让我身心放松。

48岁·女性·医生

山地自行车

十年前我买了人生中第一辆山地车,现在也一直在坚持我的这项爱好。上海、杭州、成都各地的活动都会参加,也拿了一些奖。和年轻人一起奋力前进的感觉真的太棒了。

57岁·男性·广告公司

插花

最近热衷于学习小原流花道。自己对美变得越来越讲究,任何造型都力求完美。之后也会通过社交平台上传自己的作品,希望让更多的人看到。

40岁·女性·自由职业

乐队

偶然的机会开始接触乐队,如今变成生活里不可或缺的"调味品"。虽然很享受每周进行排练,偶尔也参加一些商业演出,但最重要的是和队员在一起喝点小酒。

48岁·男性·化学工厂员工

手工艺品

我从八年前就喜欢做手工了,一直持续到现在。我很享受将脑中的想法亲手制作出来的想象过程。我偶尔也会和朋友一起,制作手工艺品。

47岁·女性·公司财务

摩托车

从年轻时期就开始喜欢摩托车,现在在休息时也会骑摩托车出门。摩托车是生活中非常重要的东西,丰富了我的精神世界。

44岁·男性·航空公司职员

以营销人的角度解读

中老年生活者的年轻化

王禾

市场部执行副总监

省广博报堂整合营销有限公司

对世界变化习以为常的一代

与上一代相比，如今活力四射的五十多岁的这一代人日益增多。他们是通过怎样的生活轨迹形成这种状态的呢？到2020年，70后即将迈入50岁大关。这一代人在"文革"结束后教育制度正慢慢恢复的时期进入小学，在各种新变化的影响之下成长。对于他们来说，在逐渐形成价值观的上世纪80年代，物质条件虽然尚未充裕，但是摇滚等海外文化开始涌入中国，70后的精神世界也因此获得了巨大的满足。迈入1990年后，开始上班的70后经历了国营企业的改革与办公软件的普及，通过工作也掌握了互联网的使用技巧。在那以后，像BBS、BLOG、微博、微信等社交软件也能操作如流。

70后的每个人生阶段里，都经历着新的变化。也正因如此，70后天生就有着敏锐的发现力和较强的适应能力。即使是在新媒体环境中，比起依赖孩子带来的信息，他们的"我能行"和"由我来掌握"意识非常强烈。这正是70后为何能拥有如此旺盛的生命力，并独立前行的理由。

用手机拓宽视野，不输年轻人的年长者的生活方式

今年曾访问过某位五十岁的中年人。他所热衷的事物本身其实并没有那么新鲜，但与其他的年长一辈不同的是，"不论在兴趣爱好上或者日常生活中，都早已习惯用手机APP来处理很多事情了"。例如，他们在成为共享单车的会员后，进行巡城骑行观光；计划去俄罗斯旅行的时候使用手机APP预订机票，还有在准备去银行办事之前用手机银行APP和小程序预约要去的银行。新一代五十多岁的生活者正像年轻人一样活用手机和APP，来享受现在的科技生活。与其说他们在追赶这个时代，不如说他们是在数字信息化时代引领着年长者生活方式的开拓者。

以营销人的角度解读

生活者的年轻化
与追寻热衷事物的意义

欧阳日丽

战略企划部总监

北京代思博报堂广告有限公司

心态年轻的父母与子女组成的新型家庭

作为社会中坚力量的五十多岁的父母在经历了中国社会的快速发展后，他们是比上一辈具有更高的教育程度与更广泛见识的一代。当下，他们在拥有经济上的自由与时间上宽裕的同时，在子女教育与家务上的负担也告一段落后，开始追寻年轻时无法实现的梦想。这一辈父母有着基于自我成长经验之上形成的教育理念与成熟的家庭观念。面对在物质条件充裕环境下长大的子女，他们不仅担当着教授人生经验的导师角色，更像是无话不谈的朋友般的存在。在我们调查访问的生活者中，还找到了一对看似姐妹的母女。亲子宛如朋友一般的家庭开始增多的时代正在来临。

在数字化时代下因爱好相连的新人际关系

当下生活者基本都有自己的交际圈。其中，有学校朋友、家族亲戚、公司同事等组成的被动圈，以及近来与日俱增的以个人兴趣爱好为主题的主动圈。在数字化时代的当下，人与人之间仅用一根手指就可连接。即使一个人也可以加入各类圈层，与相同爱好者进行联络。生活者渴望通过投入时间和精力来建立并扩大自己的圈层。最终，虽然被动圈层和主动圈层之间的区别尚不明显，但毫无疑问，能让生活者的生活在不断变化中得到充实与愉悦。人际关系上的朋友圈，会因数字信息化与兴趣爱好的加成，变得越来越扩大吧。

洞察开始寻求热衷事物
生活者的欲求

正如我们所看到的那样,年轻化生活者正在试图通过寻找值得热衷的事物,来缓解他们心中感受到的空虚感。

博报堂生活综研(上海)从精神年龄比实际年龄年轻并已经拥有热衷事物的生活者,进行了深度访谈。我们将基于每个生活者的实际生活,分析解读其热衷行为背后的欲求。

从精神年龄年轻的生活者中
筛选出拥有热衷事物的生活者

深度挖掘生活者的欲求

找出开始寻求热衷事物的
生活者的深层欲求

热衷于公路自行车的年轻化生活者

精神年龄
28岁

王女士（假名）35岁女性

王女士居住在上海，今年35岁，从事UI设计。她热爱品酒与艺术，也时常在健身房挥洒汗水，过着十分充实的生活。

出处：博报堂生活综研（上海）年轻化生活者访谈

热衷的内容

　　我们问王女士她现在正在热衷的事物是什么时，她回答我们最近正热衷于新买的一台小众品牌的公路自行车。虽然她一开始完全是个小白，连基本的自行车踩踏方式都不知道，但通过加入同样喜好小众自行车的微信群，并以每周两三次的频率在下班后和群里的朋友在市中心或郊区进行骑行，自己也开始慢慢地掌握了骑行的诀窍。

热衷的契机

　　王女士之所以会开始尝试公路自行车，是因为想要释放的工作所带来的压力。恰巧，就在那时，她看中了一辆设计超棒的公路自行车，而这成为了喜欢上这项爱好的契机。

想要通过热衷行为获得的事物

　　通过公路自行车，这位女士到底想要获得什么呢？我们就这个问题与王女士进行了探讨。王女士说，因为公路自行车，她结识了这个圈内很多各式各样的人。以圈会友这点真的很有趣，有着同样爱好的人即使是初次见面也能立马变为好友。大家虽然都有着不同的工作、生活背景，但通过交流，不但能接触日常生活圈以外的经验与知识，更能相互激发出不同的火花。

通过热衷的事物
寻求新的邂逅
"聚热"欲求

正如王女士所提到的那样,年轻化生活者想要通过热衷的事物获得与其他人的相遇相识。我们将其称为"聚热"欲求。

大规模的样本调查结果也表明,生活者对于自己所热衷的事物,并非只是"一个人享受热衷"(18.6%),而是期待"通过热衷获得邂逅与发现"(34.2%)。(※1)

随着社交网络的普及,越来越多的人体验到了线上交友的乐趣。但他们也渐渐发现,线上交友方式具有局限性,与没有任何共同点的人很难保持长期的交流。因此,通过共同热衷的事物,不仅仅是线上交流,更期待着在线下的生活中,能与自己有共同爱好的人相遇,期待着一种以圈会友的相聚。这样的"聚热"欲求,正在萌芽生长。

(※1)出处:博报堂生活综研(上海)年轻化意识调查2019

"聚热"欲求所产生的原因

无法满足于
有局限性的交友方式

▼

聚 热

▼

与拥有共同爱好的人们进行
更多开放式的交流

热衷于吉他和社交网络等众多事物的年轻化生活者

精神年龄
20岁

吴先生（假名）47岁男性

吴先生的实际年龄虽然已经47岁了，但正如他自称精神年龄才20岁那样，活得非常年轻。因为吴先生的女儿最近开始了大学住校生活，这也使得他从儿女教育的负担中解放了出来。

出处：博报堂生活综研（上海）年轻化生活者访谈

热衷的内容

　　我们就吴先生正在热衷的事物进行了提问。他告诉我们,他现在热衷的东西可是太有年轻人味了。他因为自己热衷吉他还想成为街头音乐家,还会像年轻人一样熟练使用短视频APP和图片编辑APP来对视频和照片进行加工。

热衷的契机

　　吴先生之所以会对那么多事物着迷,也是因为自家女儿的教育负担告一段落,属于他自己的自由时间变多了。他能在闲暇时间用手机看年轻人在社交网络上投稿的视频,不经意间自己的思考方式也更接近年轻人,开始在网络上分享自己的意见和想法。

算了
也就玩一次的东西
这种功能只是讨好年轻人

想要通过热衷行为获得的事物

　　吴先生还有许多别的爱好。比如骑车去不同的地方旅行,了解学习各地区的风俗人情。我们问他,这么多热衷的爱好背后,他究竟想获得什么呢?他告诉我们,他先是以一个爱好为契机,然后通过这个爱好不断拓宽自己的见识,不经意间助长了想要尝试新事物的热情。通过那么多热衷的事物,自己也开始想要变得和年轻人一样有包容性,想要过一种每天可以尝试各种新鲜事物的生活。

追求多种多样的热衷事物

"增热"欲求

正如前面采访的吴先生那样，年轻化生活者想要获得多种多样的热衷事物。我们将其称为"增热"欲求。

大规模样本调查的结果也表明，生活者对于自己所热衷的事物，已经难以满足于"热衷的事物有一个就足够了"(12.1%)的想法，而是希望"想要拥有很多热衷的事物"(27.2%)。(※1)

年轻化生活者开始无法满足于固定化的的生活半径，他们无法满足于仅仅拥有和年轻人相同的爱好，为了更接近于年轻人的生活方式，变得想要像年轻人一样拥有不断尝试新事物的心态。这使得他们拥有了"增热"欲求。

(※1)出处：博报堂生活综研（上海） 年轻化意识调查2019

"增热"欲求所产生的原因

无法满足于
固定化的生活半径

▼

增 热

▼

像年轻人一样用包容的
心态尝试不同的事物

热衷于无人机的年轻化生活者

精神年龄
28岁

张先生（假名）41岁男性

张先生目前从事与金融相关的工作，对于高科技产品兴趣浓厚的他不仅会经常玩手机游戏，更热衷于旅游、潜水等户外活动。

出处：博报堂生活综研（上海）年轻化生活者访谈

热衷的内容

　　我们也就张先生正在热衷的事物进行了提问。他告诉我们，他每年都会有四五次的海外旅行，而且每次都会带着无人机进行航空拍摄。在旅行出发之前就会将无人机的拍摄纳入旅行地选择的考虑因素中，会选择从空中俯瞰能拍出壮观景色的群山和岛屿。

热衷的契机

　　张先生从小时候开始就对高科技产品怀有憧憬，几年前通过二手交易APP购买了一款无人机，成为了开始这个爱好的契机。到目前为止，包括便携式无人机在内，已经购置了六台。他说，现在能够拥有过去梦里才能得到的东西，真是切实感受到自己生活在一个幸福的时代。

想要通过热衷行为获得的事物

　　通过热衷的事物，张先生想要获得什么呢？他告诉我们，他非常热衷于和别人分享自己无人机空中拍摄的乐趣所在。被他成功"种草"购买无人机的朋友已经有4个人了。张先生通过对向别人介绍自己用无人机所看到的新世界，"种草"自己喜欢的东西感到非常开心。因为他觉得，这能让互相的交流更加紧密，互相的理解更为深入。

向他人传达热衷的事物

"传热"欲求

正如前面张先生所说的那样,年轻化生活者要将自己所热衷的事物传递给他人。我们将其称为"传热"欲求。

大规模的样本调查也表明,生活者对于热衷的事物,"想向家人与熟人推荐"(40.1%)当然是不可或缺的,而主动"通过网站和社交媒体分享"(37.7%)的意识占比也不容小觑。(※1)

起初,生活者会从自我热衷的事物中获得满足感,但慢慢地他们从中获得的满足感会有所下降,从而无法得到满足。他们变得更想将值得热衷的事物与更多人分享,传递并扩散其带来的快乐,从而拥有了"传热"欲求。

(※1)出处:博报堂生活综研(上海)年轻化意识调查2019

"传热"欲求所产生的原因

无法满足于仅仅
是自我热衷的行为

▼

传 热

▼

将自我热衷的事物与喜悦分享、
传递给周边的人

热衷于用水彩画手账
记录生活的年轻化生活者

精神年龄
25岁

周女士（假名）30岁女性

周女士目前单身，是名幼儿园教师。她认为自己的精神年龄在25岁左右，和实际年龄有5岁的差距。她喜欢上了最近很流行的汉服着装，非常喜欢穿着汉服出门逛街。

出处：博报堂生活综研（上海）年轻化生活者访谈

热衷的内容

　　周女士正热衷的一件事就是在手账本上亲手描绘水彩画。原本热爱品味美食的她在兼顾美食爱好的同时，也在轻松地享受着自己其他热衷的事物。为了让自己的绘画技巧更上一层楼，她开始活用微信的小程序进行学习。在这个学习小程序里，因为有不按时提交水彩画就会被罚钱的规则，使得她必须按时提交作业来提高绘画技巧。

热衷的契机

　　周女士之所以开始画水彩画，是因为和朋友交流时发现周围热衷于画画的人其实水平都很一般，自己也能轻松做到，以此为契机开始了水彩画的学习之路。虽然没有接受专业的绘画培训，只是通过模仿年轻人所上传的绘画视频进行学习，但现在她的画画水平也已经得到了很大的提升。

想要通过热衷行为来获得的事物

　　周女士通过画画在追寻什么呢？她告诉我们，现在画画现在成为了生活中的一部分，已经到了只要没有画笔就会焦虑不安的地步。对于她来说，拥有能让自己一直持续热衷的事情非常重要。正因如此，她也在不断地突破持续地成长，这也成为了她保持年轻心态的秘诀。

想要拥有持续获得成长的热衷事物

"续热"欲求

正如前面周女士提到的那样,年轻化生活者通过热衷的事物想要得到的是能够拥有可以持续获得成长的热衷事物。我们将其称为"续热"欲求。

大规模的样本调查结果也表明,对于热衷的事物,生活者无法满足于"短时间内拥有即可"(3.2%),而是希望"尽可能长期坚持"(38.2%)。(※1)

过去,生活者满足于通过消费、旅行等新事物所带来的成就感。然而,通过这种行为所获得的成就感并不能长久保持,开始感到某种空虚的生活者希望通过热衷的事物,持续感受自己成长的脚步。为能长久地保持年轻心态,开始拥有了"续热"欲求。

(※1)出处:博报堂生活综研(上海)年轻化意识调查2019

"续热"欲求所产生的原因

无法满足于
暂时性的成就感

▼

续 热

▼

持续感知
自我成长

面对时代潮流变化的
年轻化生活者开始追寻
热衷事物的理由

正如我们所看到的,对生活充满热情的年轻化生活者在面对中国时代潮流变化时,开始无法通过现有生活获得满足感。他们开始寻找散热口以释放内心深处所积攒的享受生活的热情。为此,人们开始追寻能让自己热衷的事物。

拥有热衷事物的生活者,渐渐开始抱有"聚热""增热""传热""续热"的欲求。生活者已不满足于社会发展等外部环境所带来的满足感,而是通过热衷事物所带来的自我内在成长来获得满足感。

通过热衷的事物享受生活的四种热能

聚热

增热

传热

续热

拥有热衷事物的
年轻化生活者

年轻化生活者欲求变化的方向

通过外部环境发展获得满足感

通过自我成长获得满足感

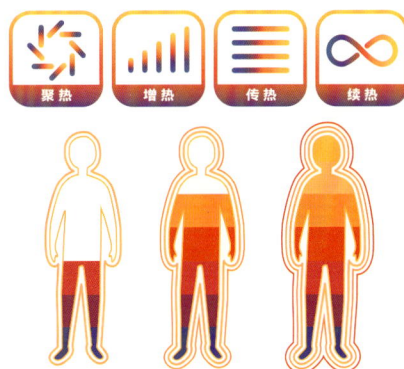

消费
扩大

经济
发展

科技
进步

聚热 增热 传热 续热

过去

今后

通过社会发展变化
获得成长
从而得到满足感

▶

通过热衷的事物
获得自身内在的成长
从而得到满足感

描述生活者变化的关键词

由于生活者至今经历着长期的社会高速发展,通过外部环境日新月异的变化获得满足感。然而,随着经济增长、科技进步和人口结构迎来转变期,生活者开始感到某种空虚感。

年轻化生活者拥有着享受生活的热情,但是对现有生活感到难以满足的他们开始寻找可以热衷的事物。他们想要通过热衷的事物,让自身保持持续的成长,以此来维持自己的身心年轻。

我们通过"热活族"这一关键词,来定义这群正在发生改变的生活者。"热活族"指的是通过热衷的事物持续获得自身成长,永远保持年轻心态的生活者。

即使中国社会环境整体迎来了时代潮流的变化,但因为拥有着享受生活热情的"热活族"的存在,相信今后也将会继续展现出中国生活者的强大能量,告知世人中国消费市场的潜力还存在很大的可能性。

热活族

4

应对生活者变化的
市场营销视点

以"热活族"为切入点的市场营销新视点

　　中国市场正面临着时代潮流的变化，各企业也不得不把握好各自未来发展的方向。在激烈变化的市场营销环境中，如何吸引不断追求新鲜事物的生活者，实现企业的持续发展，可谓是一个十分重要的课题。

　　另一方面，不受时代潮流变化所影响，拥有享受生活热情的年轻化生活者成为了追寻热衷事物的"热活族"。

　　对于谋求持续发展的企业来说，"热活族"的存在对于市场营销究竟有着何种意义呢？在面向"热活族"这样的生活者进行市场营销时，什么才是有效的沟通方式呢？

　　以下的篇章将会根据调查结果与最新的企业案例来做出解答。

市场营销中"热活族"
有着什么样的意义？

针对"热活族"的
市场营销切入点是什么？

"热活族"
对于今后市场营销的重要性

在中国,"热活族"的出现对于今后的市场营销有着何种意义呢?

首先,将"热活族"作为目标人群,从其市场潜力方面来分析。基于"今后一年的消费欲望"与"对周围的影响力"这两个问题的调查结果,可以看出各年龄层之间并无太大差异。尽管此前,市场营销领域中普遍注重以年轻人为核心消费人群的观点,但随着社会步入少子老龄化的时代,现在已经很难确定这样的想法是否能够让企业实现持续化的发展。

另一方面,以"热衷事物的数量"来进行人群分类的话,可以明显看出生活者热衷的事物越多,消费欲望与影响力也越高,所拥有的市场潜力也越大。由此可见,吸引这些拥有热衷事物的"热活族",对于今后的市场营销有着非常重要的意义。

过去,以"80后""90后""00后"年龄层来进行目标人群分类的"年代论"是一种主流的思考方式。的确,如何吸引作为消费主力军的年轻群体获得他们的青睐是非常有效的营销手段。但在今后,将我们的目标人群转换为享受生活热情,追寻热衷事物的年轻化生活者"热活族"的话,那我们就不应该再拘泥于过去的以年龄层为划分的思维方式。我们认为,将"热客论"这一新的市场营销切入点,将会为我们的市场营销带来积极有效的帮助。

"热活族"的市场潜力

购买潜力
以今后一年的消费意欲点数（满分100分）

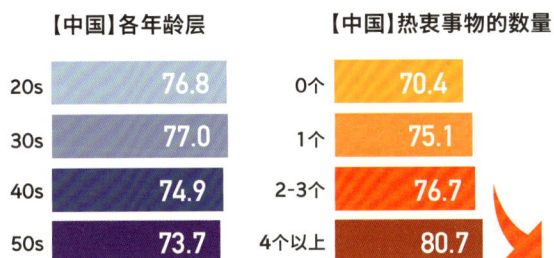

【中国】各年龄层

20s	76.8
30s	77.0
40s	74.9
50s	73.7

【中国】热衷事物的数量

0个	70.4
1个	75.1
2-3个	76.7
4个以上	80.7

影响力潜力
信息先端度点数（加权平均值）

※将12个调查项目进行数值化算出的结果

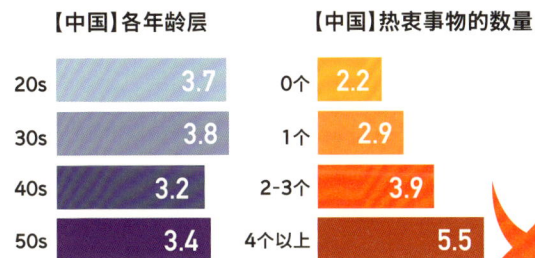

【中国】各年龄层

20s	3.7
30s	3.8
40s	3.2
50s	3.4

【中国】热衷事物的数量

0个	2.2
1个	2.9
2-3个	3.9
4个以上	5.5

出处：博报堂生活综研（上海）年轻化意识调查 N=5,000

针对"热活族"展开市场营销的意义

市场营销目标人群视点的转变

年代论
年轻=购买力

**过去的
市场营销**

巨大的消费市场

**高效的攻略
潜在人群市场**

拥有巨大人群基数领导市场的

**年轻人群成为
主要目标人群**

80后→90后→00后

热客论
热活族的顾客=购买力

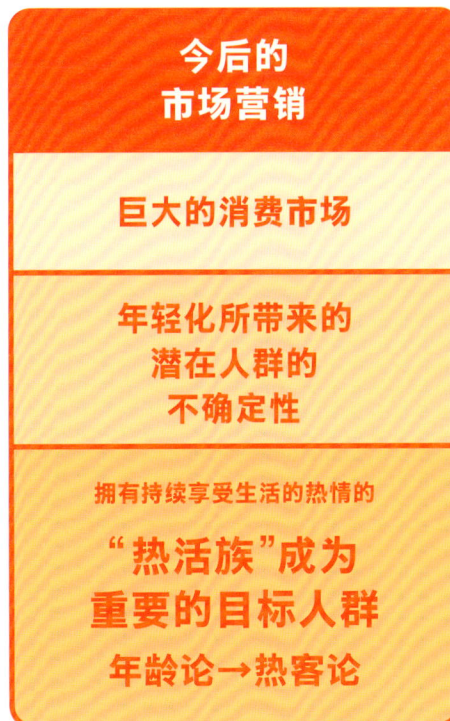

**今后的
市场营销**

巨大的消费市场

**年轻化所带来的
潜在人群的
不确定性**

拥有持续享受生活的热情的

**"热活族"成为
重要的目标人群**

年龄论→热客论

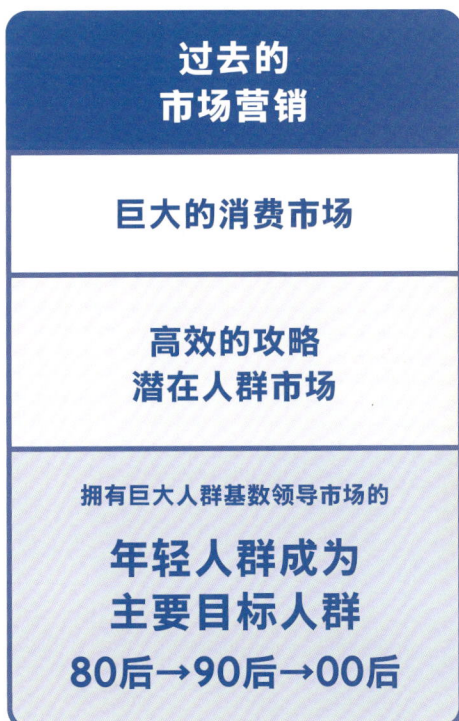

社会环境的时代潮流变化

针对"**热活族**"
享受生活的热情
持续构筑生活者与品牌之间的关系

在今后的时代中,"热活族"作为市场营销的目标人群这一观点将会变得愈加重要。那么我们又该如何吸引这些人呢?

生活者不仅在寻找适合自己的兴趣爱好,还会在企业所提供的各类商品和服务中去寻求自己所热衷的事物。根据大规模样本调查的结果可知,在中国,无论从年龄层还是城市级别上来看,回答"会反复使用喜欢的商品或服务变多了"的受访者较多。

在面临时代潮流变化的当下,企业为了实现持续的发展,通过促销与宣传来促进消费的"促销型"市场营销方式是有局限性的。即使在短期内有所成效,也无法长期持续地在商业活动中获得更好的表现。

因此,我们应该如何把握"热活族"的行为特征,促使他们对企业提供的商品和服务产生持续的热情呢?接下来,通过最近的企业案例,将对如何把握"热活族"的"聚热""增热""传热""续热"等特征,唤起"热活族"对品牌的热衷,即"热衷唤起型"的新型品牌营销手段进行分析。

将追求的热衷扩展至商品和服务的生活者

和两三年前相比，
会反复使用喜欢的商品或服务变多了

(%)

	与以前相比，开始这么想了	没有改变	与以前相比，开始不这么想了
中国	47	46	8
日本	23	70	7
美国	38	53	10

出处：博报堂生活综研（上海）年轻化意识调查

今后的市场营销课题

促进一次性的购买
**促销型
市场营销**

构筑持续性的关系
**唤起热情的
新型品牌营销**

以热活族的四种热衷欲求
为切入口的品牌营销

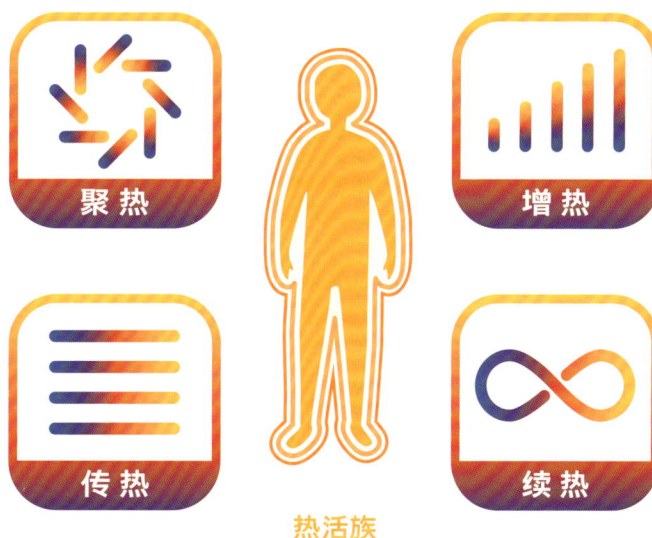

聚热

增热

传热

续热

热活族

满足"热活族"想要持续热衷的
"续热"欲求

Habit营销活动

关于吸引"热活族"的品牌营销新方式,我们将通过近期的企业案例进行介绍。

第一个案例是抓住了热活族"续热"欲求的中国某无人机品牌的案例。该企业通过设立短视频影像的交流平台,定期开展短视频大赛等活动,促进用户交流拍摄手法与创意构思,最终提升了用户对商品的使用频率。同时,参加资格并非仅限该品牌的用户,对其他品牌的用户也采取了开放的态度。在该平台上已经收录了大量作品,有效刺激了用户对于无人机的热情。

通过这个案例,我们将这种着眼于热活族的"续热"欲求,刺激用户持续热衷于商品与服务,将其融入生活习惯的方法称为"Habit营销活动"。

过去的品牌营销方法,基本都是倾向于企业发起类似促销的短期性活动来刺激用户消费。然而,面对在生活中不断寻求热衷事物的有着"续热"欲求的热活族时,这种方法有让热情迅速消散的缺点。

作为吸引热活族的品牌营销的"Habit营销活动",从用户层面出发,让其自发性地满足其自身"续热"的欲求,让热活族自然地延续平日里享受生活的热情。相比企业单方面的活动,更多地调动了用户的力量,以此构筑与生活者持续稳定的关系。

针对生活者"续热"欲求的品牌营销事例

无人机品牌事例

通过一时性的营销活动来
促进销售

持续的刺激热衷行为来
刺激商品使用

针对"热活族"的品牌营销视点

不局限于营销活动所带来的一时性的刺激，
在用户的生活中满足"续热"欲求。

企业举办的营销活动

在一时的体验行为
结束后感到不足

企业举办的营销活动 **+** 在用户的生活中持续刺激
热衷行为来满足"续热"欲求

Habit营销活动

满足"热活族"想要通过热衷结识朋友的"聚热"欲求

Encounter营销活动

其次要介绍的是抓住热活族"聚热"欲求的某旅游网站的案例。该企业为了让参加同一旅程的用户能轻松地交友,创建了同行者的社交群。和以往相比,不局限于以"核心用户群体"为中心的封闭式社区建设,而是通过创建拥有无数轻度用户的交流群,来提供更为丰富、开放的社交体验。

这个案例着眼于热活族的"聚热"欲求,促进有相同爱好的用户进行交流来塑造品牌形象的方法称为"Encounter营销活动"。

以往的品牌营销方式,即使建立了能让用户交流的社区,往往也局限于线上或以核心用户为中心的社区搭建。然而,这对于渴望与拥有相同热衷事物的他人相识的热活族而言,却是一种交流的阻碍。

作为吸引热活族的"Encounter营销活动",创造轻度用户也可以轻松地加入并享受的线上线下交流机会,满足其"聚热"的欲求。通过这样的活动,与生活者构建持续稳定的关系。

针对生活者"聚热"欲求的品牌营销事例

旅游网站事例

局限于核心用
户的社群

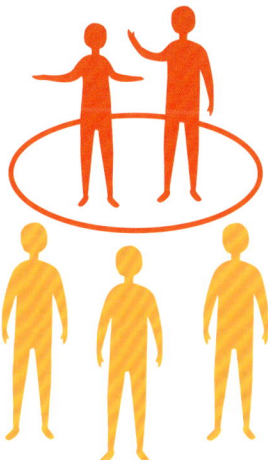

帮助轻度用
户互相交流

针对"热活族"的品牌营销视点

不局限于以线上或核心用户为主的交流，
以更为开放的形式满足用户的"聚热"欲求。

以线上交流或
核心用户为主的社区

因交流壁垒而感到无法满足

以线上交流或
核心用户为主的社区

+

以更为开放的形式促进用
户间的交流来
满足"聚热"欲求

Encounter营销活动

满足"热活族"追寻多样化热衷的 "增热"欲求

Add营销活动

接下来介绍的是抓住热活族欲求的某新兴连锁酒店的案例。这家连锁酒店品牌在与其他酒店一样在提升客房、餐厅等酒店硬件设施的同时,还在酒店内开设图书区并定期开展读书会等活动,并通过社交网络为本地人与住客提供交流的机会,让住客能了解到只有当地人才知道的游玩方式。同时,还开设有类似篮球、音乐等不同的主题酒店。这使得酒店不再局限于提供住宿服务,而是扩展至提供更加丰富多彩的体验内容。

通过这个案例,我们把满足热活族的"增热"欲求,不再拘泥于自身品牌与行业,而是促进用户享受更多热衷事物的方法称为"Add营销活动"。

过去的品牌营销,大多仅仅局限于提供标准化的高品质服务来提高用户满意度。然而面向渴望享受丰富多彩的热衷事物,有着"增热"欲求的热活族时,标准化的高品质服务虽然令人安心,但却显得略有不足。

作为吸引热活族的"Add营销活动",不拘泥于固定的品牌世界观,与生活中多样的热衷事物进行联动,让热活族延续平日里享受生活的热情,从而满足用户"增热"的欲求。除了提供安心的品质服务之外,同时为生活者提供接触多样化热衷的机会,以此来构筑与生活者持续稳定的关系。

针对生活者"增热"欲求的品牌营销事例

连锁酒店事例

**局限于核心业务的
服务提供**

**帮助生活者扩展热衷领域的
服务提供**

针对"热活族"的品牌营销视点

不局限于标准化的服务内容，
而是活用多样的热衷事物来满足用户的"增热"欲求

标准化的高品质服务

虽然可以提供安心和信赖
但因单调而感到略有不足

标准化的高品质服务 **+** 活用多样的热衷事物
来满足用户的"增热"欲求

Add营销活动

满足"热活族"想要传达自身热衷的
"传热"欲求

Tell营销活动

最后要介绍的是抓住热活族"传热"欲求的某英语培训机构的案例。该企业除了提供基本的英语学习课程外,还根据针对学员的兴趣爱好和特长,举办以学员为主角的小型交流活动。对学员而言,机构不再强硬让用户参加不感兴趣的活动,反而通过帮助学员开展以其兴趣爱好或特长为主题的活动加强学员间的交流。

通过这个案例,我们将满足热活族的"传热"欲求,帮助用户实现将热衷事物向他人传递的愿望,加强用户与品牌间纽带的方法称为"Tell营销活动"。

以往的品牌营销,是企业向用户提供可参与的活动,建立与用户间的纽带。然而,针对拥有想要将自身热衷事物传达给他人的"传热"欲求的热活族时,仅让用户被动地去参加商家举办的活动,会让用户无法感受到自身存在的意义。

作为吸引热活族的"Tell营销活动",不局限于企业自上而下发起的品牌活动,而是以帮助热活族向他人传递热衷事物为主,满足其"传热"欲求。企业在分析用户数据时应该不仅仅以促销为目的,而是为了掌握生活者所热衷的事物内容,激发生活者去做自己真正想做的事,以此构筑与生活者持续稳定的关系。

针对生活者"传热"欲求的品牌营销事例

英语教育机构事例

企业主导的活动运营

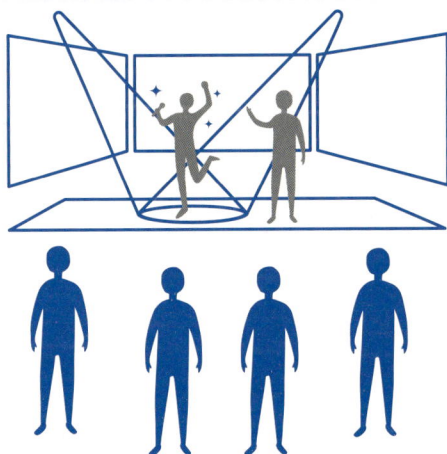

用户主导的活动运营

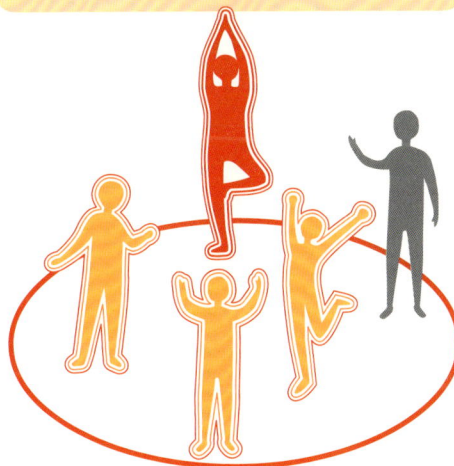

针对"热活族"的品牌营销视点

不单单只是企业主导的品牌活动
活用热活族用户的自主性来满足"传热"欲求

企业开展的品牌活动

> 对于只是单方面
> 接受给与的事物感到不足

企业开展的品牌活动 **+** 以用户为主体，
帮助其将热衷传递给他人，
满足"传热"欲求

Tell营销活动

针对"热活族"的市场营销

以"热衷"为轴重新定义目标人群

年代论→热客论

不是以年龄层来划分目标人群
而是以针对各个年龄层中"热活族"的思考方式

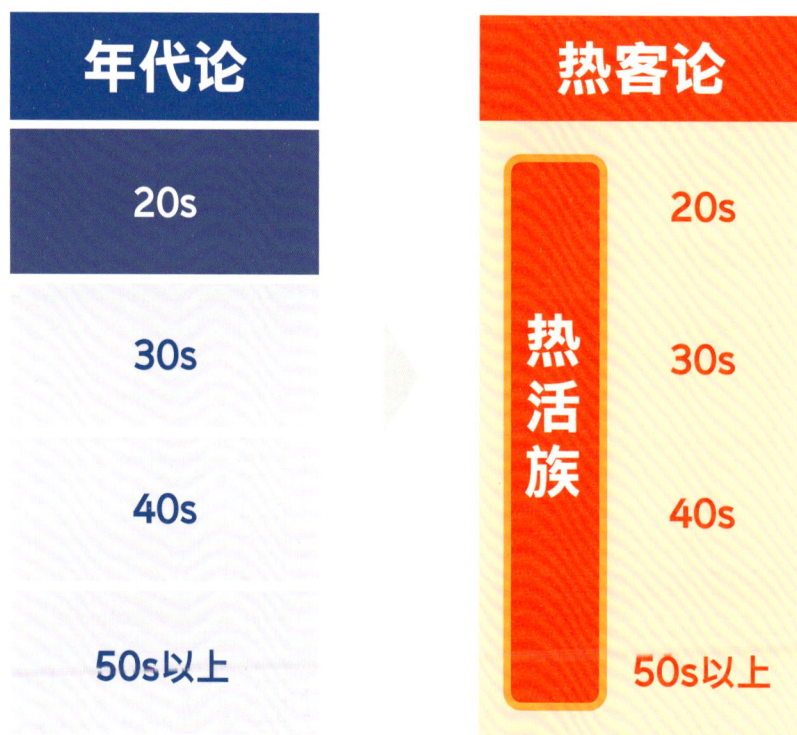

年代论	热客论
20s	20s
30s	30s
40s	热活族 40s
50s以上	50s以上

热活族

以"热衷"为轴展开目标人群推广

"HEAT品牌营销"

针对各年龄层的"热活族"
持续与用户构筑关系来塑造品牌的思考方式

续热 **H**abit营销行为
促进习惯养成

聚热 **E**ncounter营销行为
创造和他人相遇的机会

增热 **A**dd 营销行为
营造多样化的体验场景

传热 **T**ell营销行为
提供向他人传达的环境

激发生活者热情的
"HEAT品牌营销"
所开创的未来道路

综上所述,部分企业通过提供符合热活族欲求特点的品牌活动实现了企业的持续发展。针对热活族的"续热"、"聚热"、"增热"、"传热"欲求,开展"Habit"、"Encounter"、"Add"、"Tell"等营销活动,建立了品牌与用户间持续稳定的感情纽带。我们把这种吸引热活族的品牌营销新方法称为"HEAT品牌营销"。

"HEAT品牌营销"与过去构筑固定品牌形象的方法不同,将用户作为生活者进行重新审视,将自身品牌与生活者日常所热衷的事物相结合,从而达成生活体验型的品牌营销。

"HEAT品牌营销"的成功关键在于思维方式的转变。放弃曾经以企业品牌为起点加强用户品牌忠诚度的思维方式,而是以品牌用户中众多的热活族为起点,创造出企业与生活者共同的热衷来加强相互的关系。

我们认为,今后企业通过"HEAT品牌营销",将与生活者在热衷的事物上形成更多接触点,即使在中国市场面临时代潮流变化的情况下,也能实现持续稳定的增长。

过去的品牌营销和"HEAT品牌营销"的不同

品牌形象

品牌体验 | Habit营销活动 | 续热
品牌体验 | Encounter营销活动 | 聚热
品牌体验 | Add营销活动 | 增热
品牌体验 | Tell营销活动 | 传热

构筑品牌形象型
在生活者的脑
中构筑品牌形象

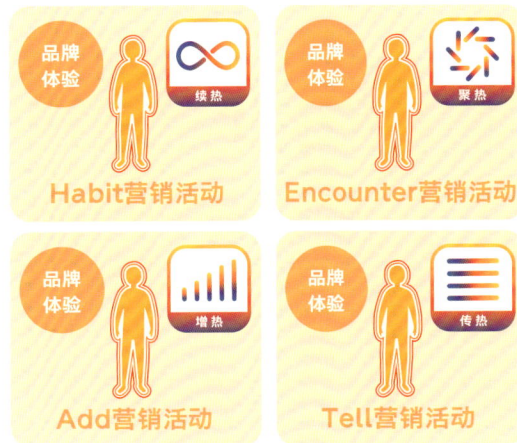

日常生活体验型
在生活者的日常生活中
加入品牌体验

"HEAT品牌营销"的可能性

以企业品牌为起点
构筑品牌忠诚度的思考方式

以热活族为起点
创造企业与生活者之间
共同的热衷作为羁绊的思考方式

品牌方

顾客

与品牌的羁绊

热活族

一般顾客

品牌方

与品牌的羁绊

**创造更多企业与生活者的接触点
通过热衷来持续加强和品牌的羁绊**

专业人士访谈 ①
自由撰稿人

面对社会变化今后企业所需要的市场营销视点

Q 关于生活者和社会时代潮流变化
对于当下生活者所处的生活环境您是怎么看的？

大众的意识从"量变"转到"质变"

与被称作"失去的二十年"的日本经济截然相反，中国经济在这二十年内实现了飞跃式的增长。经济的增长毫无疑问给整个中国社会带来了巨大的影响。若把目光投向普通市民，就能切实感受到其所带来的日常生活中的意识变化。例如，中老年一代不仅仅是在穿衣品位等外在方面变得像年轻人一样时尚，思维方式与价值观取向等意识层面也渐渐往年轻人靠拢。从古至今，资产的"量"都是作为衡量尺度被用来衡量一个人生活的富裕程度。除了"量"之外，意识、价值观、生活方式中的"质"也将成为新的重要衡量标准。因此，经济发展导致的消费者意识变化，不仅是对物质生活的追求，更体现在对充实的精神层面上的追求。

Q 关于生活者意识的变化
关于生活者的年轻化现象，您有什么感想？

随着大众包容度的提升，各年龄层间的代沟正在缩小

2000年左右，许多中老年人通过炒股与投资房地产迅速获取了大量财产。然而，受到长期生活习惯养成的节约意识根深蒂固的影响，虽然拥有了大量财产，但他们的消费力并没有出现相应的提升。然而近年来，随着他们的子女开始成年、独立，中老年人的价值观也随之发生了改变。"可以的话并不想带孙子""希望花更多时间去国外旅游""想要有自己的自由时间，所以和子女们见面次数减少也没关系"等过往的中老年人几乎不可能拥有的想法，现在也变得十分常见了。另一方面，对于长辈们的这些价值观的变化，年轻一代也积极地表示理解与支持。在当今日新月异的中国社会，不再强调各自年代的特征与差异，大众为了消除互相之间的代沟而相互理解、相互影响，让社会整体朝着更加充满活力的方向前进。

Q 今后的市场营销观点
面对当下社会环境的变化，您认为企业又该怎么做呢？

消费者所寻求的，是能与自己内心产生共鸣的品牌营销

我认为，近些年支持中国经济增长的个人消费发展对于市场经济的扩大有着至关重要的作用。但是，仔细观察个人消费的真实情况就可以发现，大多数企业只是一味地借助经济发展大环境的东风。比起满足顾客的真正需求，更多的只是在考虑通过市场的增长与政府的相关法令、政策来推行自身的市场营销。而企业的市场营销负责人也是墨守成规，拘泥于以商品类别与目标人群规定之类的以自身商品与市场为起点的思维方式开展市场营销活动。这些年个人消费市场急剧变化，特别是数字技术的革新带来的信息透明化对大众的消费观念产生巨大影响，使得用以往方式进行的企业广告宣传与信息传播对大众的影响力越来越弱。许多企业大力推行的通过社区等口碑信息的传播引导消费的作用也在逐渐变小。从消费者的内心而言，他们更关心企业能否提供与自己真正感兴趣的领域或产品相关的有益信息与措施，这样的观念改变使得消费者对于企业营销活动的要求变得更为严格。从这样的变化趋势来看，我认为此后消费市场的发展将不单单依靠政策扶持，而是以消费者为原点，发掘顾客需求，并以此开展市场战略的时代即将来临。

> "
> **面对当下寻求质的转变且处于激烈变化中的中国社会，**
> **今后所需要提供的是能与生活者**
> **在心理层面产生共鸣的品牌市场营销活动。**
> "

活用生活者热衷行为的市场营销

Q ### 关于工作内容
首先，请介绍下贵公司的现状。

我从大学毕业以后一直从事服饰行业销售、市场的相关工作，在这一行也干了十多年了。2014年进入现在这家公司后，担当品牌经理一职。我的工作节奏很快，经常海外国内来回飞。我所负责的品牌蛮有名的，基本是在中国家喻户晓的品牌。虽然目前和海外运动品牌之间的市场份额争夺非常激烈，但在中国国内作为极具知名度及占据较高市场份额的品牌，我们在这几年取得了急速的成长。

Q ### 关于随着市场潮流趋势变化而改变的市场营销
站在企业市场营销的立场上，
对于当下的市场环境有怎样的看法呢？

需要洞悉消费者本质需求的时代

我们品牌的产品线辐射各个年龄层，下至童装上至中年服装。因此，把握各年代的消费意向与价值观是我们品牌最主要的战略。近年来，我们也观察到消费者有了一些新的变化，越来越多的人投入自我的爱好中这个现象表现得非常明显。

例如，喜爱滑板和街头文化的人中，除年轻人外，也有中年一代的身影。当我看到中年一代的人身着街头服饰，与年轻人一样享受着街头文化时，不禁感叹他们依旧保持着年轻的生命力。通过最近发生的一系列变化我们也同样意识到，不能再拘泥于"运动服=年轻人专属"的刻板印象。未来，有越来越多的顾客将满怀着年轻人的价值观，积极地接纳各类新型消费方式。而为了应对这样的情况，做到"市场营销与品牌建设具有不可分割性"的思想是尤为重要的。

Q 关于生活者消费意识的变化
对于包含贵公司顾客在内的生活者，
目前是否觉得他们开始有所变化？

在当今时代，我们必须深度理解顾客每个人的消费价值观

迄今为止，当消费者选择产品时，容易受到品牌的国家、价格和口碑等因素，以及商品的特性与评价的影响。然而从他们近期消费的实际状态来看，曾经一直注重功能性与价格的人开始频繁使用"有文化"一词。而"文化"这个词，我觉得具有多种含义。

第一种是对审美意识的提升。尤其是在中老年龄层中，我们能够感受到与过去截然不同并且不断提升的时尚品味与审美意识。我们也能偶尔看到在中老年人群中有些人装扮得像年轻人一样时尚，大摇大摆地在大街上走着。这也应该是他们日常行为的一道风景吧。

第二种则是表现在他们越来越关注流行趋势上面。人们不单单在习以为常的环境下生活，即便上了年纪，他们也开始关注潮流趋势的变化，努力地将新的事物融入自己的生活。我们可以发现，这样的意识变化与实际年龄无关，而是人们在日新月异的时代中为了不使自己落后于人，拼命地追求自我成长的表现。

Q 关于生活环境的变化对潮流趋势带来的影响
为了吸引今后的生活者，您认为重点是什么？

人们会从单纯为流行而追求的快消时尚转向为
其生活带来活力的运动时尚

不久前，各类快消时尚品牌开始被众多消费者所喜爱，并引领了时尚潮流。另一方面，在过去的两三年间，单凭品牌主导的潮流趋势已经无法满足消费者。谁都能买得到的衣服，早已失去了吸引力。经历了经济高速增长时期，基于物质条件而获得的幸福感开始减少。相反，由于市场竞争加剧，随之而来的是生活压力与疲劳感。面对这样的生活环境变化所带来的影响，大众开始偏好于运动品牌所具备的积极印象与功能性。此外，穿上运动装会感觉自己也感染上了活力，消除了日常生活中的紧张节奏所带来的不满与焦虑，从压力中释放自我。因此，我认为这是当下运动品牌崛起的原因。

> "
> 面对今后的时代，我们应该不拘泥于年龄的束缚，
> 用宽阔包容的视野针对顾客的内心洞察诉求，
> 提供能够给人们生活带来无限活力的市场营销策略。
> "

专业人士访谈 ③

社区共同创始人

唤起生活者爱好的热情，
并活用于商业的营销视点

Q ### 关于商业模式的特点

本次我们的生活者研究着眼于在生活中追求热衷事物的人群。由于贵公司展开的新兴商业模式中有着多元化生活者的参与，因此我们非常想进一步深入了解。首先，能否向我们介绍一下贵公司所提供的服务内容？

我们以拥有未来志向的人为目标人群开展业务。
基于个人的兴趣爱好与专业领域，将每一位个体相连，推进新价值的共创。

我们以联合办公空间与人力资源管理平台的运营为主轴心，主要是为企业内部提供改革支援类服务。以人与人之间所创造的共同价值为基本理念，探索未来个体的理想方式。将来，我们相信，更多人的工作方式并非局限于单一企业的特定工作，更会转变成如自由职业者那样的工作状态，基于个人的兴趣与特长启动每一个项目，或是作为参与者推进项目的完成。因此，我们虽然主要运营联合办公空间，但办公空间的租赁本身并非我们的核心业务。相反，如何基于兴趣爱好与专业领域将处于那个空间的人紧密相连，打造能够产生共创新价值的场所，是我们一直以来关注的重点。同时，我们所具备的连接每一位个体、共创新事物的智慧不仅仅是用于内部架构，在企业的对外项目中，我们更像是以市场咨询公司的角色为其他企业提供机制改革、企业发展上的指导。

Q ### 关于用户特征与使用状况

那么请问，是怎么样的用户在使用你们的服务，又是如何去共创新事物的呢？

通过连接会员所关心的事物，
建立真正的共同创造

我们所运营的平台，聚集了各种业界的人士。他们不只是职业上对口，更是在技能、爱好等方面集合了多元化的用户。现在，我们的会员中不仅有自由职业者，也有正规公司的职员。其中大多数是25-35岁的年轻人，最近40岁以上的人数也有所增加。如果我们的会员有新项目想要启动，可以发布到我们的平台上。例如，如果想举办大型展览，可以使用我们的展示空间作为会场。当然，这也会需要相应的资金与更多的作品内容。在我们的社区中，我们可以聚集到贴合项目要求的更多人员和实施方案。在我们的平台系统中，每个人都有一个自我标签，例如设计师或策展人，或者也可以在一个感兴趣的项目留下标签进行设定。每个项目都会需要设定标签，与标签一致的人会收到系统的通知。被通知的会员若对项目内容抱有兴趣即可报名。通过与发起人的相互沟通碰撞后，自发成为一个项目团队。当然，我们会为会员们的项目提供支持，但是为了不过于干涉团队合作以及利益关系的牵扯，我们会在与会员保持一定距离的同时，建立相互信任关系。
我们相信，以这样的关系为前提，可以达成真正的共同创造。

Q 推动生活者自发交流的接触
关于提高会员间相互的信赖关系，以此来让他们自然而然的达成共创，
请问贵公司是怎么实现的呢？

营造能够轻松参与的开放型环境并持续应援个人兴趣爱好，
希望为每一个人落实主动性的实施项目

让我们以平台上某位积极的会员为例，向大家详细说明一下吧。他看到某个活动信息，产生一定的兴趣后报名参加。事后他说对我们所营造的环境氛围感到十分满意，产生了自己也想在这里举办活动的念头，并且加入了我们的社群。在那之后，他不仅作为多个项目的一员，更为了实现个人想做的事情启动了自我项目。我们的联合办公空间定期会根据某个被大家所提议的课题，与会员一起进行头脑风暴，提出课题的解决方案，或是举办通过一起共同工作并共享经验等诸如此类的共创活动。会员以外的人即使是当天申请也可自由参加，我们会为其提供开放的场所。正如这样，在任何人都可以轻松参与的开放氛围中，每个人都可以找到与其他各式各样的人共同创造各种事物的乐趣。同时为了让会员能够自发性地做自己想做的事情，持续性的后续支援也是非常重要的。这些努力不仅对我们自身的业务有所成效，对企业的市场营销也颇有帮助。目前，我们已收到了来自许多企业的业务邀请和商谈意向，想要通过人与人之间的相互联系来共创新的事物。

"

**在开放的氛围中，从每个人所拥有的兴趣爱好出发，
与其他人的相同或不同的兴趣爱好打通连接，
最终成为促使人们进行共创行为的契机。**

"

【后记】

致力于"生活者发想"，准确地把握以人为本的全新社会潮流变化趋势

　　博报堂生活综研(上海)自2012年成立以来，以生活者动察研究为主题，逐年解读并定义了中国生活者全新的生活行为及其背后的欲求变化。2013年以90后为中心的年轻人研究《创漩》，2014年着眼于新社交网络社会的《信蜂》，2015年深度挖掘生活者新兴消费行为与欲求的《出格消费》。此外，2016年生活者以创业、副业潮为契机开始提供新型商品或服务的《衔能》、2017年关注生活者文化消费行动的《余乐》，到2018年以科技生活的渗透为研究对象的《数自力》。逐年来，我们都以社会上最有影响力的潮流变化为主题展开深入研究。我们将实现快速经济增长的中国社会环境与消费市场变化两者相结合，每年通过不同的视角来捕捉日新月异的中国生活者。我们诚挚地希望，这些研究对于在中国展开业务发展的各位而言，能够有所帮助。

　　在最初商讨今年研究主题时，我们发现当下的中国正处于前所未有的特殊社会环境之中。首先，不仅仅是在中国，因为全球范围的社会形势不稳定而导致经济增长整体减速。同样，由于信息数字技术的不断渗透，如何完备新的伦理秩序等法规已经成为不可忽视的社会课题，这些因素同时也影响着中国社会。近年来，中国经济进入稳定增长期，对于原本处于消费重心的汽车产业、房地产业以及奢侈品行业的消费也慢慢趋于冷静。同时，因为对未来生活的向往而备受追捧的高科技产品的消费意欲虽然仍在持续，但也并非像过往那样热情高涨，可见也已经逐渐进入饱和阶段。受到诸如此类环境变化因素的影响，我们该如何捕捉当下中国生活者的消费行为与意识变化，该如何对其进行准确定义，其意义十分关键。

本次的研究关键词"热活族"，正是诞生于这样的社会背景之下，形象地描绘出在面临变化之中的生活者最为真实的状态。我们研究的基本立场是以生活者为中心，通过全方位地观察生活者主导的生活环境，客观、准确地捕捉生活者的欲求变化。此外，本次研究也与近年来在中国市场营销相关书籍被经常提及的"年代论"研究视点有所不同。我们着眼于跨越世代的生活者欲求变化，将目标人群重新定义为通过投身于某样事物以提升生活满足度的热活生活者。从"热活族"的新视点重新观察，并通过"HEAT品牌营销"加强企业与生活者以热衷事物为触点建立新联系的可能性。这对本次研究成果而言有着巨大的建设意义。

　　博报堂生活综研（上海）自成立以来，我们的研究一直受到中国传媒大学广告学院各位师生的鼎力支持。本次也同样要感谢各位在多方面的协助，包括以在校本科生、研究生为对象的问卷调查，"热活族"书籍中所编入的"生活者的热衷事物"的摄影作品征集等等。另外，我们同时也从北京、广州、武汉等中国各地的博报堂集团公司的同事、客座研究员那里收获了众多宝贵的意见与建议。有了各位的大力支持，本次"热活族"的主题研究才得以圆满完成。虽然在这里不能一一致谢，但也想借此机会，向各位同仁表示最诚挚的谢意。

　　我们希望今后也将继续努力拓展研究风格与方法论，持续以中国生活者为中心展开研究。请尽情期待博报堂生活综研（上海）的更多新发现吧。

博报堂生活综研（上海）全体研究员

本书所涉调查数据均来自以下
博报堂生活综研（上海）的自主调查

「年轻化意识调查2019」

调查国家

中国：	一线至四线　共33城市
日本：	关东、关西、东海地区
美国：	纽约、洛杉矶、芝加哥

调查对象

各国拥有智能手机的20～59岁男女

中国：	家庭月收5,000～29,999元

※日本、美国没设收入条件

样本数

中国：	3,000人
日本：	1,000人
美国：	1,000人

调查方式

网络调查

调查时期

2019年10月

调查机构

乐天INSIGHT株式会社

「年轻化生活者访谈」

调查城市：　　　北京、上海、广州、杭州、武汉、沈阳
调查对象：　　　精神年龄比实际年龄年轻的生活者
样本数：　　　　30名
调查手法：　　　深度访谈、家庭访问调查
调查时期：　　　2019年9月～10月
调查机构：　　　博报堂生活综研（上海）

「专家访谈」

调查对象：　　　汽车行业自由撰稿人
　　　　　　　　中国运动品牌市场营销负责人
　　　　　　　　联合办公平台企业社区共同创始人
调查手法：　　　深度访谈
调查时期：　　　2019年10月
调查机构：　　　博报堂生活综研（上海）

「我所热衷的事物」照片画廊

合作机构：中国传媒大学广告学院学生

资料集

「年轻化意识调查2019」

调查城市
中国：一线至四线　共33城市
日本：关东、关西、东海地区
美国：纽约、洛杉矶、芝加哥

调查对象
拥有智能手机的20～59岁男女
中国：家庭月收入5,000～29,999元
※日本、美国未设收入条件

样本数
中国：3,000人
日本：1,000人
美国：1,000人

调查方式
网络调查

调查时期
2019年10月

调查机构
乐天INSIGHT株式会社

年轻意识、热衷情况

精神年龄

Q 您觉得自身的心理年龄约为多少岁

(平均)

国家比较	
中国	31.9 岁
日本	32.9 岁
美国	37.1 岁

中国：年龄比较	
20s	26.0 岁
30s	30.5 岁
40s	36.0 岁
50s	41.3 岁

中国：城市级别比较	
1线城市	31.8 岁
新1-2线城市	31.7 岁
3-4线城市	32.3 岁

热衷事物

Q 您目前有无自己热衷的事物（兴趣爱好、商品·服务等）

(%)

国家比较

	0个	1个	2个	3个	4个及以上
中国	11	27	33	18	10
日本	25	31	26	13	6
美国	12	11	25	26	26

中国：各年龄层拥有四个以上热衷事物的人群占比	
20s	10 %
30s	10 %
40s	10 %
50s	10 %

中国：各级城市拥有四个以上热衷事物的人群占比	
1线城市	11 %
新1-2线城市	10 %
3-4线城市	10 %

Q 关于您对目前自己想获得的热衷事物（爱好、商品、服务等）的心态，和两三年前相比，有无发生变化

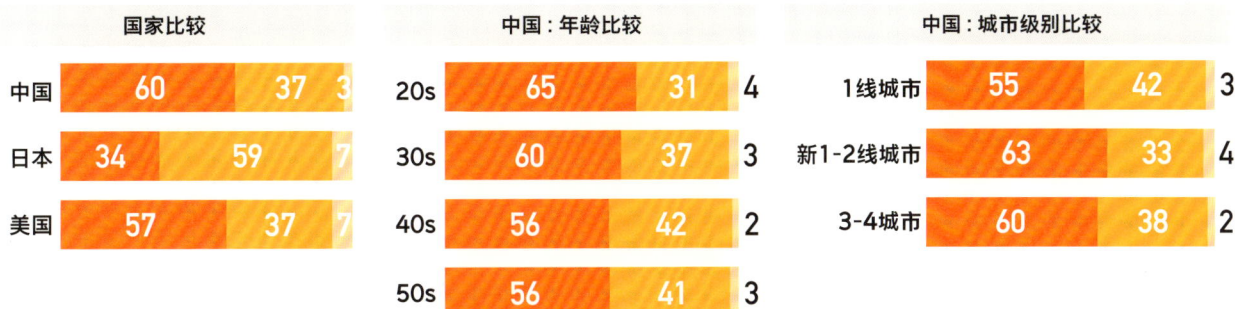

(%)

国家比较

	与以前相比，开始这么想了	没有改变	与以前相比，开始不这么想了
中国	60	37	3
日本	34	59	7
美国	57	37	7

中国：年龄比较

	与以前相比，开始这么想了	没有改变	与以前相比，开始不这么想了
20s	65	31	4
30s	60	37	3
40s	56	42	2
50s	56	41	3

中国：城市级别比较

	与以前相比，开始这么想了	没有改变	与以前相比，开始不这么想了
1线城市	55	42	3
新1-2线城市	63	33	4
3-4线城市	60	38	2

■ 与以前相比，开始这么想了　■ 没有改变　■ 与以前相比，开始不这么想了

关于热衷的想法

Q 关于热衷的事物，请告知您持有什么观点

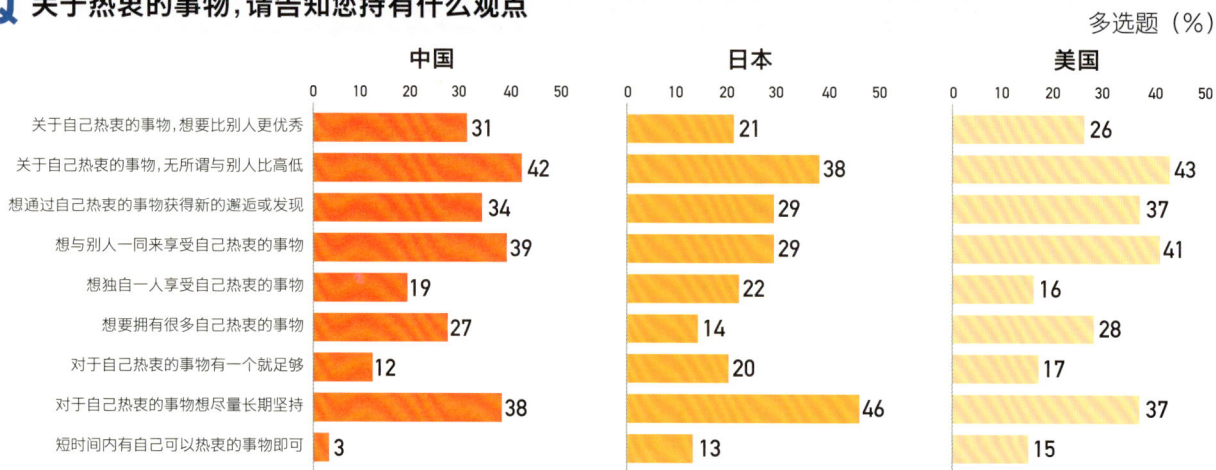

多选题（%）

	中国	日本	美国
关于自己热衷的事物，想要比别人更优秀	31	21	26
关于自己热衷的事物，无所谓与别人比高低	42	38	43
想通过自己热衷的事物获得新的邂逅或发现	34	29	37
想与别人一同来享受自己热衷的事物	39	29	41
想独自一人享受自己热衷的事物	19	22	16
想要拥有很多自己热衷的事物	27	14	28
对于自己热衷的事物有一个就足够	12	20	17
对于自己热衷的事物想尽量长期坚持	38	46	37
短时间内有自己可以热衷的事物即可	3	13	15

关于热衷的行动

Q 关于目前热衷的事物，您采用了怎样的行为

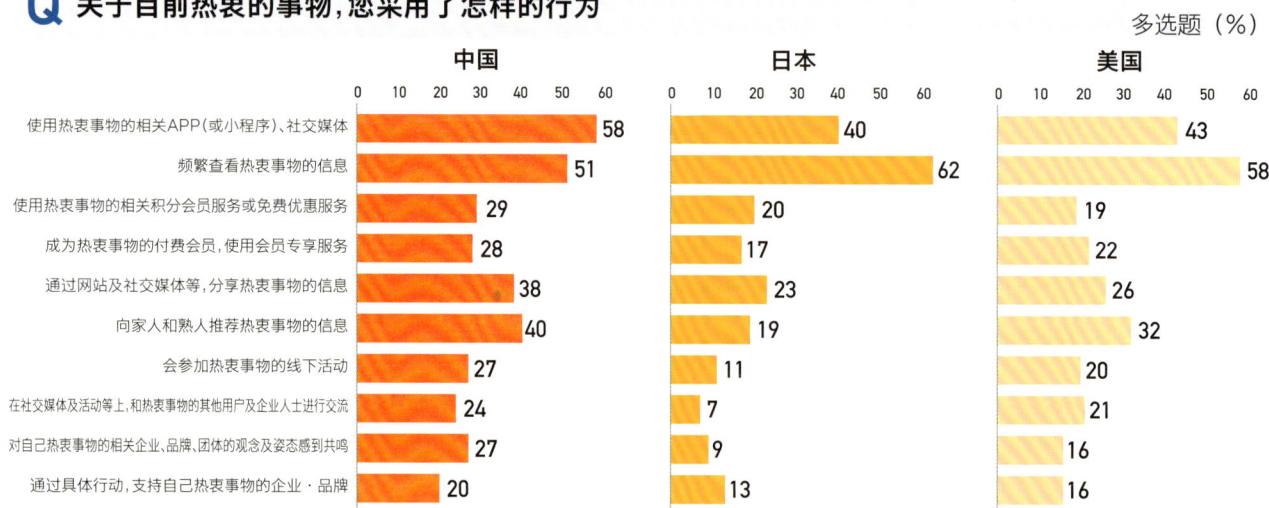

多选题（%）

	中国	日本	美国
使用热衷事物的相关APP（或小程序）、社交媒体	58	40	43
频繁查看热衷事物的信息	51	62	58
使用热衷事物的相关积分会员服务或免费优惠服务	29	20	19
成为热衷事物的付费会员，使用会员专享服务	28	17	22
通过网站及社交媒体等，分享热衷事物的信息	38	23	26
向家人和熟人推荐热衷事物的信息	40	19	32
会参加热衷事物的线下活动	27	11	20
在社交媒体及活动等上，和热衷事物的其他用户及企业人士进行交流	24	7	21
对自己热衷事物的相关企业、品牌、团体的观念及姿态感到共鸣	27	9	16
通过具体行动，支持自己热衷事物的企业·品牌	20	13	16

生活充实度

Q 您目前是否感到自身生活很充实

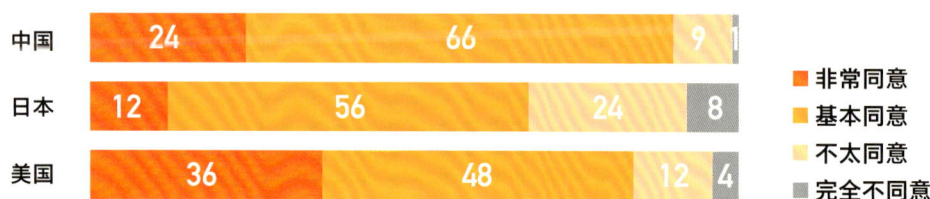

（%）

	非常同意	基本同意	不太同意	完全不同意
中国	24	66	9	1
日本	12	56	24	8
美国	36	48	12	4

- 非常同意
- 基本同意
- 不太同意
- 完全不同意

年轻意识、热衷情况

消费意识

Q 今后1年内,您想在购买商品·使用服务上使用金钱的欲望就会如何

（100分满分）

国家比较		中国：年龄比较		中国：城市级别比较	
中国	76.0 分	20s	76.8 分	1线城市	75.4 分
日本	61.0 分	30s	76.9 分	新1-2线城市	74.9 分
美国	61.9 分	40s	74.9 分	3-4线城市	77.7 分
		50s	73.7 分		

热衷的商品和服务

Q 您有没有特别讲究并一直在持续使用的品牌商品或服务

回答「有」的被访者占比（%）

国家比较		中国：年龄比较		中国：城市级别比较	
中国	65.3 %	20s	69.2 %	1线城市	66.7 %
日本	41.4 %	30s	67.8 %	新1-2线城市	66.1 %
美国	76.0 %	40s	62.6 %	3-4线城市	63.3 %
		50s	54.3 %		

Q 您目前特别讲究而一直在持续使用的品牌商品或服务是什么

单选题（%）

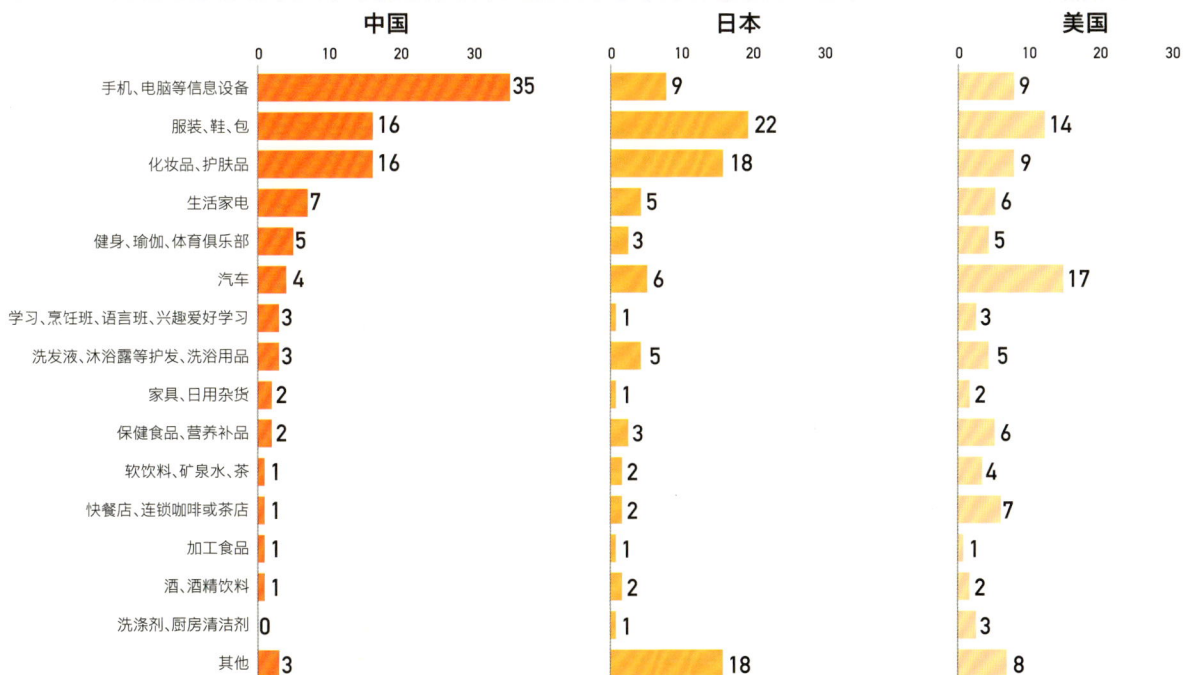

	中国	日本	美国
手机、电脑等信息设备	35	9	9
服装、鞋、包	16	22	14
化妆品、护肤品	16	18	9
生活家电	7	5	6
健身、瑜伽、体育俱乐部	5	3	5
汽车	4	6	17
学习、烹饪班、语言班、兴趣爱好学习	3	1	3
洗发液、沐浴露等护发、洗浴用品	3	5	5
家具、日用杂货	2	1	2
保健食品、营养补品	2	3	6
软饮料、矿泉水、茶	1	2	4
快餐店、连锁咖啡或茶店	1	2	7
加工食品	1	1	1
酒、酒精饮料	1	2	2
洗涤剂、厨房清洁剂	0	1	3
其他	3	18	8

热衷的商品·服务意识

Q 您目前最讲究的品牌商品或服务,首次购买或使用时的情形

多选题(%)

中国

	0 10 20 30 40 50 60
首次购买或使用之前,就知道该品牌商品或服务	50
首次购买或使用之前,就对该品牌商品或服务感兴趣	56
首次购买或使用之前,就对该品牌商品或服务进行过搜索或自发性地查看过口碑及评论	38
首次购买或使用之前,对该品牌商品或服务进行过咨询或询问过其他用户	19
首次购买或使用之前,在商店等处实际体验或试用过该品牌商品或服务	13

日本

0 10 20 30 40 50 60
54
41
22
7
14

美国

0 10 20 30 40 50 60
58
41
30
14
16

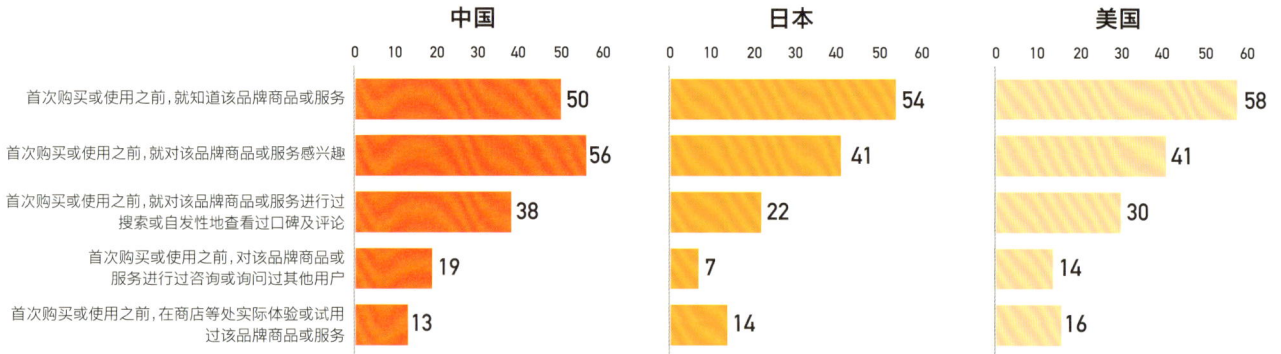

Q 您最近1年中使用过的最讲究的品牌商品或服务时的场景

多选题(%)

中国

	0 10 20 30 40 50
使用该品牌的相关APP(或小程序)、社交媒体	44
频繁查看该品牌的信息	47
使用该品牌的相关积分会员服务或免费优惠服务	35
成为该品牌的付费会员,使用会员专享服务	25
通过网站及社交媒体等,分享该品牌的信息	32
向家人和熟人推荐该品牌的信息	41
会参加该品牌的线下活动	17
在社交媒体及活动等上,和该品牌的其他用户及企业人士进行交流	18
对该品牌的相关企业、品牌、团体的观念及姿态感到共鸣	21
通过具体行动,支持该商品或服务的企业和品牌	16

日本

0 10 20 30 40 50
27
43
22
10
12
19
4
2
11
8

美国

0 10 20 30 40 50
31
41
18
18
19
27
11
10
13
6

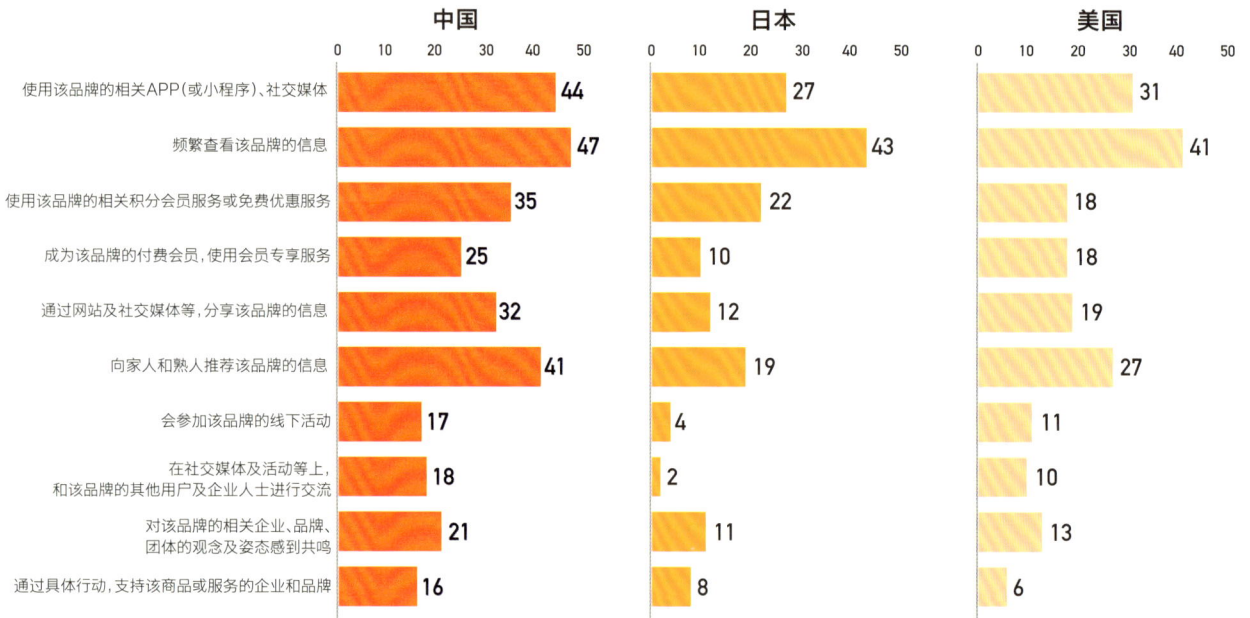

Q 您对目前最讲究的品牌商品或服务的热衷程度如何

(100分满分)

国家比较		中国:年龄比较		中国:城市级别比较	
中国	84.5 分	20s	84.1 分	1线城市	84.0 分
日本	75.7 分	30s	84.4 分	新1-2线城市	84.2 分
美国	69.5 分	40s	85.1 分	3-4线城市	85.3 分
		50s	84.8 分		

生活意识

■ 与以前相比，开始这么想了
■ 没有改变
■ 与以前相比，开始不这么想了

生活意识的变化

Q 关于您自身的生活相关观念和行为，
和两三年前相比，有无发生变化

（%）

Q 开始对现在的生活感到更有不足之处了

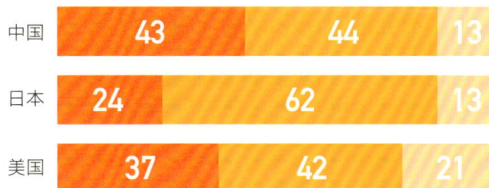

	与以前相比，开始这么想了	没有改变	与以前相比，开始不这么想了
中国	43	44	13
日本	24	62	13
美国	37	42	21

Q 开始对现在的生活感到更满意了

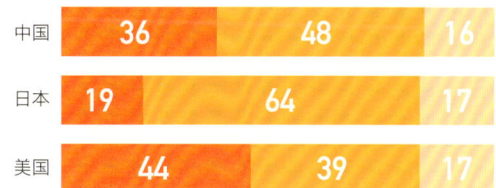

	与以前相比，开始这么想了	没有改变	与以前相比，开始不这么想了
中国	36	48	16
日本	19	64	17
美国	44	39	17

Q 开始更想过与众不同的生活了

	与以前相比，开始这么想了	没有改变	与以前相比，开始不这么想了
中国	40	46	15
日本	15	72	12
美国	42	48	10

Q 开始更想过与别人相同的生活了

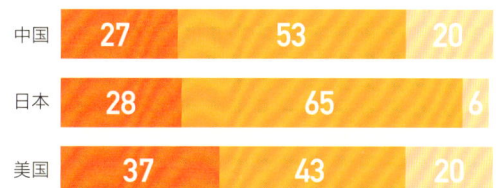

	与以前相比，开始这么想了	没有改变	与以前相比，开始不这么想了
中国	27	53	20
日本	28	65	6
美国	37	43	20

Q 开始更想采取与众不同的行为了

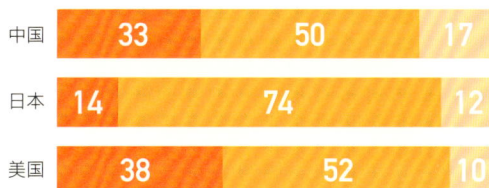

	与以前相比，开始这么想了	没有改变	与以前相比，开始不这么想了
中国	33	50	17
日本	14	74	12
美国	38	52	10

Q 开始更想采取与别人相同的行为了

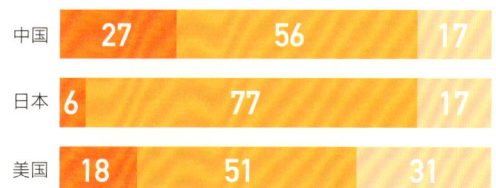

	与以前相比，开始这么想了	没有改变	与以前相比，开始不这么想了
中国	27	56	17
日本	6	77	17
美国	18	51	31

Q 开始和各种各样的人有更多交流了

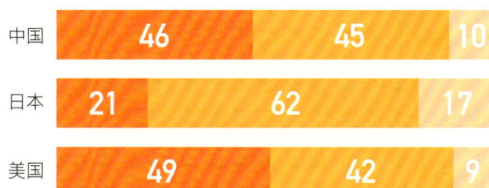

	与以前相比，开始这么想了	没有改变	与以前相比，开始不这么想了
中国	46	45	10
日本	21	62	17
美国	49	42	9

Q 开始和家人有更多交流了

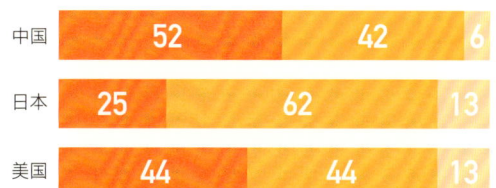

	与以前相比，开始这么想了	没有改变	与以前相比，开始不这么想了
中国	52	42	6
日本	25	62	13
美国	44	44	13

生活意识

■ 与以前相比,开始这么想了
■ 没有改变
■ 与以前相比,开始不这么想了

生活意识的变化

Q 关于您自身的生活相关观念和行为,
和两三年前相比,有无发生变化

(%)

Q 开始更受年轻人的影响了

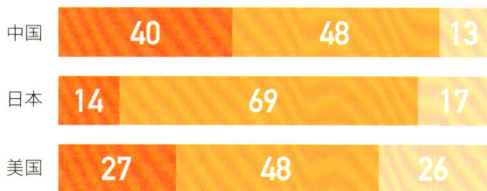

中国	40	48	13
日本	14	69	17
美国	27	48	26

Q 开始更受上一代人的影响了

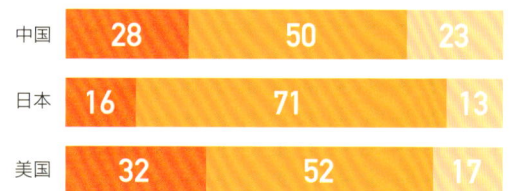

中国	28	50	23
日本	16	71	13
美国	32	52	17

Q 开始更受父母亲的影响了

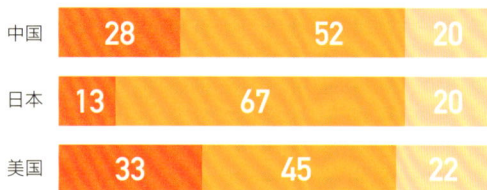

中国	28	52	20
日本	13	67	20
美国	33	45	22

Q 开始更受子女的影响了

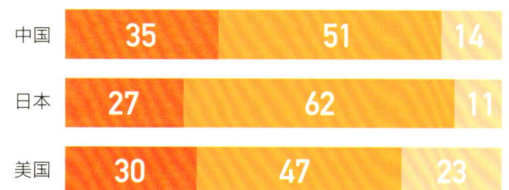

中国	35	51	14
日本	27	62	11
美国	30	47	23

Q 休息日开始更爱在家里过了

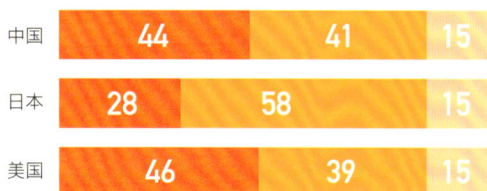

中国	44	41	15
日本	28	58	15
美国	46	39	15

Q 在工作日的夜晚外出活动变多了

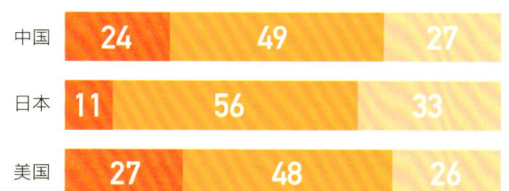

中国	24	49	27
日本	11	56	33
美国	27	48	26

Q 开始更喜欢旅行及外出了

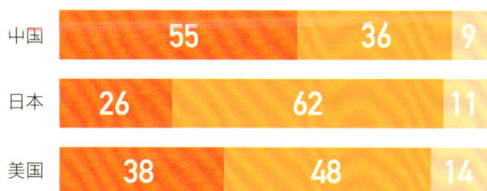

中国	55	36	9
日本	26	62	11
美国	38	48	14

Q 生活中的活动模式开始更固定了

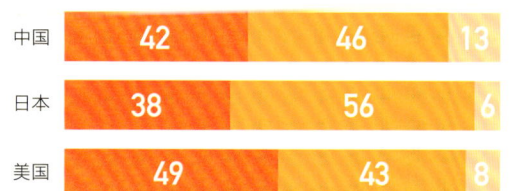

中国	42	46	13
日本	38	56	6
美国	49	43	8

生活意识

与以前相比,开始这么想了
没有改变
与以前相比,开始不这么想了

生活意识的变化

Q 关于您自身的生活相关观念和行为,
和两三年前相比,有无发生变化

(%)

Q 开始更想在生活中寻求刺激了

中国	29	47	23
日本	24	61	16
美国	47	45	9

Q 开始更想挑战新事物了

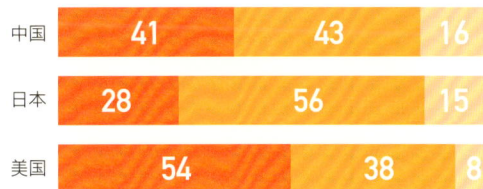

中国	41	43	16
日本	28	56	15
美国	54	38	8

Q 开始尝试新的兴趣爱好、运动、技能了

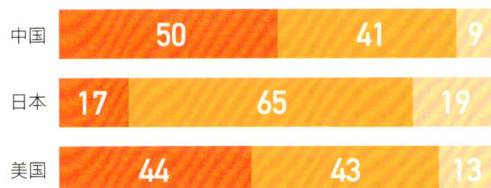

中国	50	41	9
日本	17	65	19
美国	44	43	13

Q 开始拥有可以向别人介绍的兴趣爱好、
运动、技能了

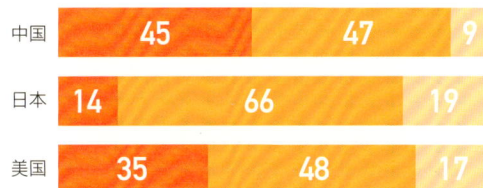

中国	45	47	9
日本	14	66	19
美国	35	48	17

Q 开始认为年轻人是社会的主角了

中国	47	44	9
日本	19	68	13
美国	39	48	13

Q 开始更想保持年轻了

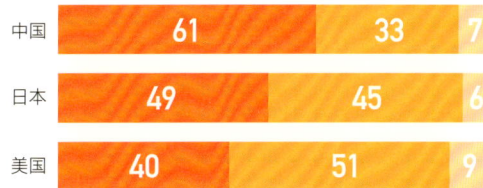

中国	61	33	7
日本	49	45	6
美国	40	51	9

Q 开始对将来的生活感到更莫名不安了

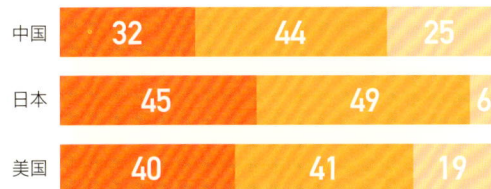

中国	32	44	25
日本	45	49	6
美国	40	41	19

生活意识

■ 与以前相比,开始这么想了
■ 没有改变
■ 与以前相比,开始不这么想了

消费意识的变化

Q 关于您自身的消费相关观念和行为,
和两三年前相比,有无发生变化

(%)

Q 开始更快接受新事物了

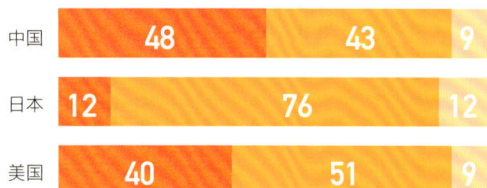

	与以前相比,开始这么想了	没有改变	与以前相比,开始不这么想了
中国	48	43	9
日本	12	76	12
美国	40	51	9

Q 开始更希望先于他人获得新事物了

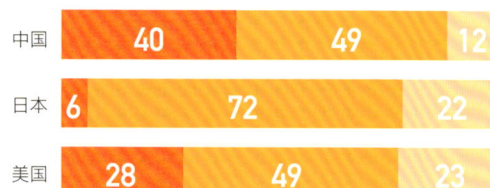

	与以前相比,开始这么想了	没有改变	与以前相比,开始不这么想了
中国	40	49	12
日本	6	72	22
美国	28	49	23

Q 开始对新事物或新服务更
容易感到厌倦了

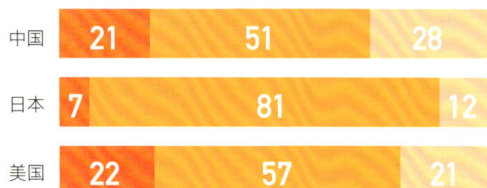

	与以前相比,开始这么想了	没有改变	与以前相比,开始不这么想了
中国	21	51	28
日本	7	81	12
美国	22	57	21

Q 想要的东西或想使用的服务变多了

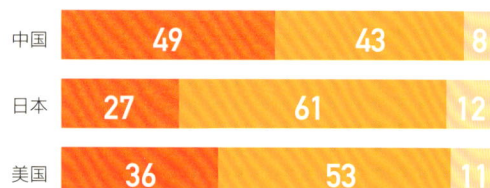

	与以前相比,开始这么想了	没有改变	与以前相比,开始不这么想了
中国	49	43	8
日本	27	61	12
美国	36	53	11

Q 开始更觉得购物有乐趣了

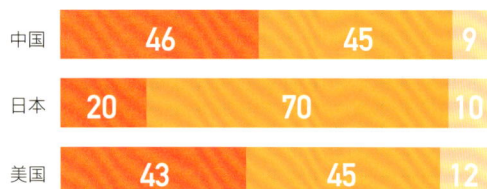

	与以前相比,开始这么想了	没有改变	与以前相比,开始不这么想了
中国	46	45	9
日本	20	70	10
美国	43	45	12

Q 比起搜寻商品或服务的口碑和评论,
开始更多地通过网站或社交媒体直接询问现有用
户和服务工作人员了

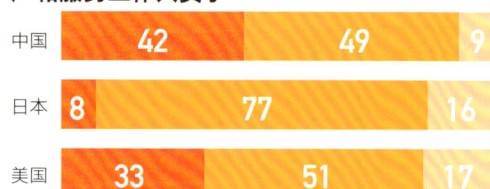

	与以前相比,开始这么想了	没有改变	与以前相比,开始不这么想了
中国	42	49	9
日本	8	77	16
美国	33	51	17

Q 开始想要尝试购买以前
没有买过的东西了

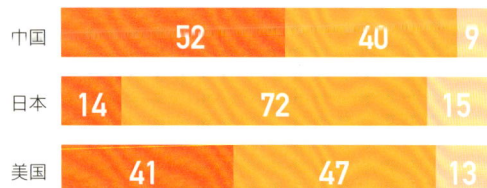

	与以前相比,开始这么想了	没有改变	与以前相比,开始不这么想了
中国	52	40	9
日本	14	72	15
美国	41	47	13

Q 开始以退货为前提购买商品来试用了

	与以前相比,开始这么想了	没有改变	与以前相比,开始不这么想了
中国	23	50	27
日本	4	76	19
美国	24	41	35

生活意识

消费意识的变化

Q 关于您自身的消费相关观念和行为，
和两三年前相比，有无发生变化

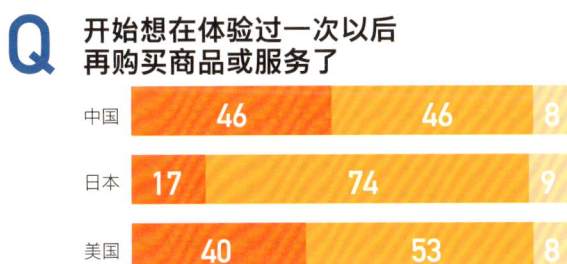

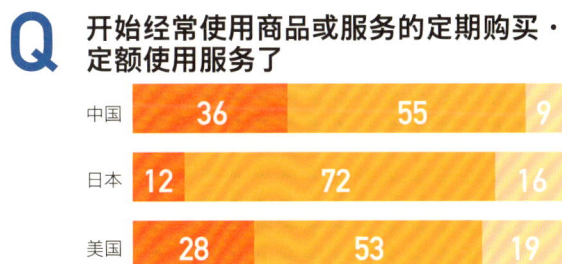

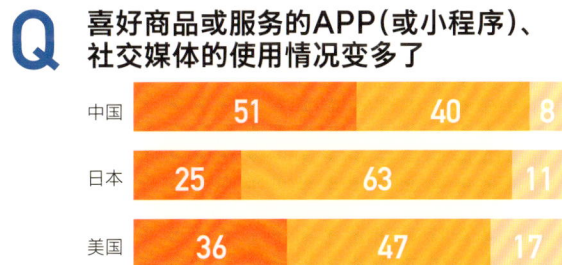

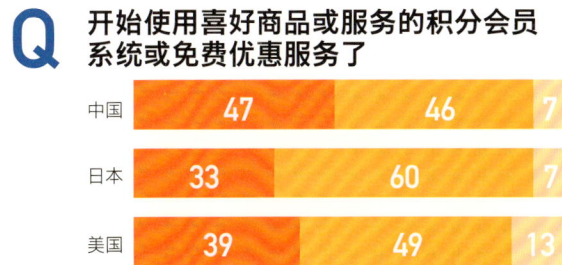

(%)

Q 开始想在体验过一次以后
再购买商品或服务了

	与以前相比，开始这么想了	没有改变	与以前相比，开始不这么想了
中国	46	46	8
日本	17	74	9
美国	40	53	8

Q 开始经常使用商品或服务的定期购买·
定额使用服务了

	与以前相比，开始这么想了	没有改变	与以前相比，开始不这么想了
中国	36	55	9
日本	12	72	16
美国	28	53	19

Q 开始经常使用二手商品买卖服务了

	与以前相比，开始这么想了	没有改变	与以前相比，开始不这么想了
中国	22	52	27
日本	19	66	15
美国	29	53	18

Q 开始经常使用共享或租赁服务了

	与以前相比，开始这么想了	没有改变	与以前相比，开始不这么想了
中国	40	48	12
日本	7	73	20
美国	22	50	28

Q 会反复使用的喜欢的商品或服务变多了

	与以前相比，开始这么想了	没有改变	与以前相比，开始不这么想了
中国	47	46	8
日本	23	70	7
美国	38	53	10

Q 喜好商品或服务的APP（或小程序）、
社交媒体的使用情况变多了

	与以前相比，开始这么想了	没有改变	与以前相比，开始不这么想了
中国	51	40	8
日本	25	63	11
美国	36	47	17

Q 开始频繁查看喜好商品或服务的信息了

	与以前相比，开始这么想了	没有改变	与以前相比，开始不这么想了
中国	46	45	9
日本	24	67	10
美国	49	44	8

Q 开始使用喜好商品或服务的积分会员
系统或免费优惠服务了

	与以前相比，开始这么想了	没有改变	与以前相比，开始不这么想了
中国	47	46	7
日本	33	60	7
美国	39	49	13

生活意识

消费意识的变化

Q 关于您自身的消费相关观念和行为，和两三年前相比，有无发生变化

（%）

Q 开始成为喜好商品或服务的付费会员，使用会员专享服务了

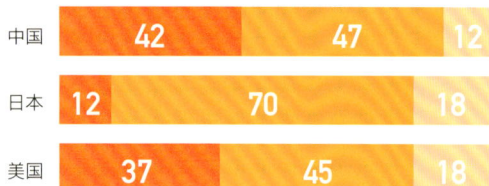

中国	42	47	12
日本	12	70	18
美国	37	45	18

Q 开始通过网站及社交媒体等，分享喜好商品或服务的信息了

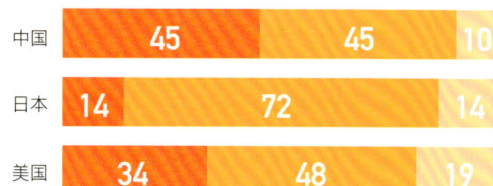

中国	45	45	10
日本	14	72	14
美国	34	48	19

Q 开始向家人和熟人推荐喜好商品或服务的信息了

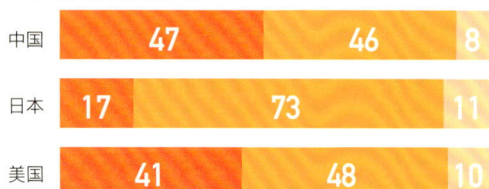

中国	47	46	8
日本	17	73	11
美国	41	48	10

Q 喜好商品或服务有线下活动时，开始前往参加了

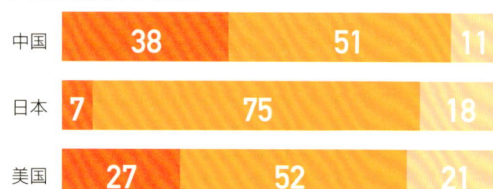

中国	38	51	11
日本	7	75	18
美国	27	52	21

Q 开始通过社交媒体及活动等，与喜好商品或服务的现有用户及企业人士进行交流了

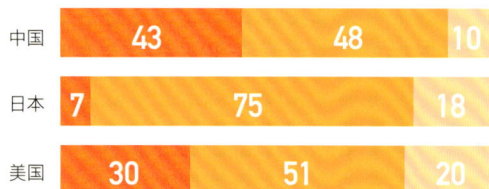

中国	43	48	10
日本	7	75	18
美国	30	51	20

Q 让自己感到有共鸣的企业·品牌变多了

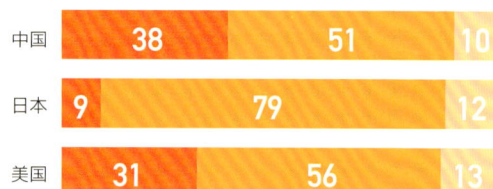

中国	38	51	10
日本	9	79	12
美国	31	56	13

Q 开始采取实际行动，支持喜好商品或服务的企业·品牌了

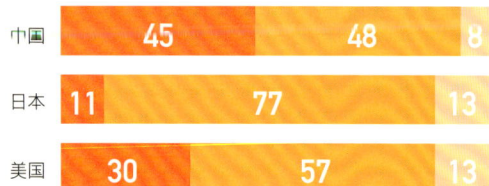

中国	45	48	8
日本	11	77	13
美国	30	57	13

生活意识

■ 与以前相比，开始这么想了
■ 没有改变
■ 与以前相比，开始不这么想了

信息意识的变化

Q 关于您自身的信息相关观念和行为，和两三年前相比，有无发生变化？

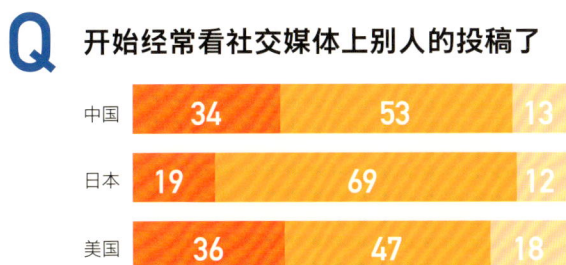

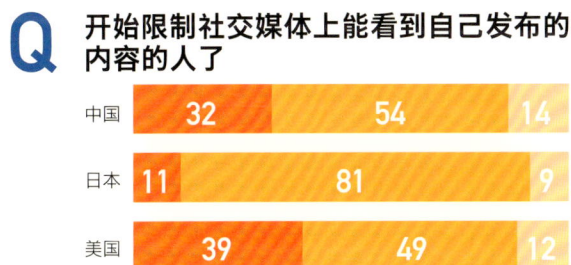

(%)

Q 开始经常在社交媒体上投稿了

	与以前相比，开始这么想了	没有改变	与以前相比，开始不这么想了
中国	22	57	21
日本	7	70	23
美国	27	44	28

Q 在社交媒体上的投稿开始减少了

	与以前相比，开始这么想了	没有改变	与以前相比，开始不这么想了
中国	22	60	17
日本	17	75	8
美国	36	49	15

Q 开始经常看社交媒体上别人的投稿了

	与以前相比，开始这么想了	没有改变	与以前相比，开始不这么想了
中国	34	53	13
日本	19	69	12
美国	36	47	18

Q 看社交媒体上别人的投稿开始减少了

	与以前相比，开始这么想了	没有改变	与以前相比，开始不这么想了
中国	24	58	19
日本	10	78	12
美国	28	52	20

Q 开始限制社交媒体上能看到自己发布的内容的人了

	与以前相比，开始这么想了	没有改变	与以前相比，开始不这么想了
中国	32	54	14
日本	11	81	9
美国	39	49	12

Q 看智能手机的时间变多了

	与以前相比，开始这么想了	没有改变	与以前相比，开始不这么想了
中国	51	39	9
日本	44	50	7
美国	44	43	13

Q 开始感到看智能手机是一种浪费时间了

	与以前相比，开始这么想了	没有改变	与以前相比，开始不这么想了
中国	26	49	25
日本	18	71	11
美国	30	48	22

Q 开始想减少看智能手机的时间了

	与以前相比，开始这么想了	没有改变	与以前相比，开始不这么想了
中国	31	46	23
日本	23	68	9
美国	33	49	18

生活意识

信息意识的变化

Q 关于您自身的信息相关观念和行为，和两三年前相比，有无发生变化？

（%）

Q 开始受网红（微博、小红书、抖音等网红或KOL等）信息的影响了

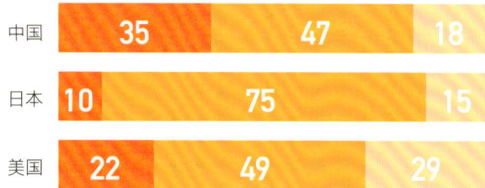

中国	35	47	18
日本	10	75	15
美国	22	49	29

Q 开始不相信网红（微博、小红书、抖音等网红或KOL等）信息了

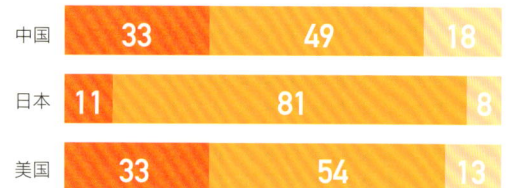

中国	33	49	18
日本	11	81	8
美国	33	54	13

Q 开始受网络上的口碑和社交媒体信息的影响了

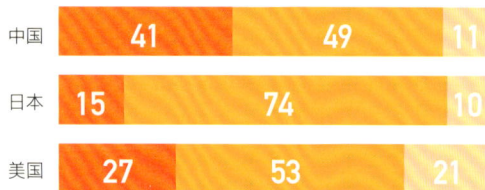

中国	41	49	11
日本	15	74	10
美国	27	53	21

Q 开始不相信网络上的口碑和社交媒体的信息了

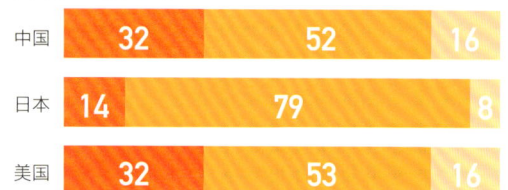

中国	32	52	16
日本	14	79	8
美国	32	53	16

Q 开始受网络上的推送信息和排名信息的影响了

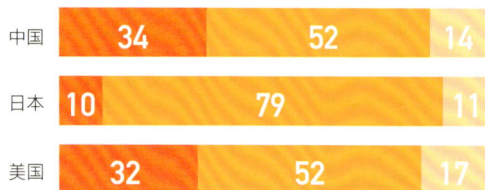

中国	34	52	14
日本	10	79	11
美国	32	52	17

Q 开始不相信网络上的推送信息和排名信息了

中国	34	50	16
日本	12	81	7
美国	27	57	17

生活意识

信息意识的变化

Q 关于您自身的信息相关观念和行为,
和两三年前相比,有无发生变化?

(%)

Q 开始寻求与别人不同的信息了

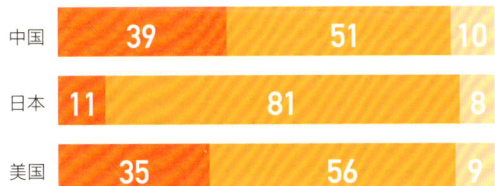

	与以前相比,开始这么想了	没有改变	与以前相比,开始不这么想了
中国	39	51	10
日本	11	81	8
美国	35	56	9

Q 开始感到网络上的口碑和社交媒体信息
大部分是重复的内容了

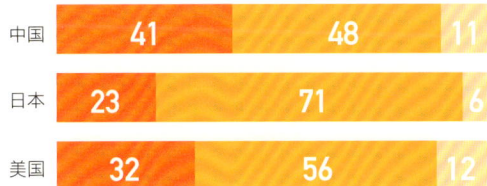

	与以前相比,开始这么想了	没有改变	与以前相比,开始不这么想了
中国	41	48	11
日本	23	71	6
美国	32	56	12

Q 日常信息来源和接收信息途径变窄了

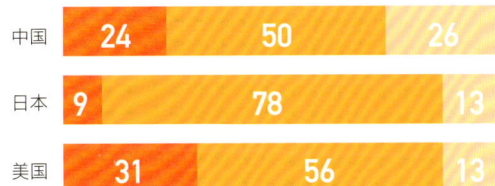

	与以前相比,开始这么想了	没有改变	与以前相比,开始不这么想了
中国	24	50	26
日本	9	78	13
美国	31	56	13

Q 与别人接触相同信息的情况变多了

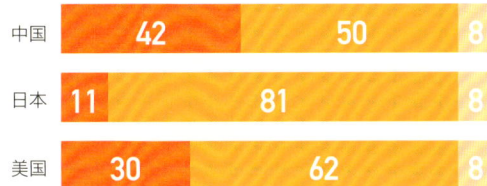

	与以前相比,开始这么想了	没有改变	与以前相比,开始不这么想了
中国	42	50	8
日本	11	81	8
美国	30	62	8

博报堂生活综研（上海）

大熊 健二
钟 鸣
山本 哲夫
包 旭
佘 科
魏 思瑶

王 禾
欧阳 日丽
稼农 慧

中国传媒大学 广告学院

丁 俊杰
(中国传媒大学广告学院院长 教授)

黄 京华
(中国传媒大学广告学院广告学系 教授)

杨 雪睿
(中国传媒大学广告学院广告学系主任 副教授)

项目协助

佐藤 格
蒋 雪妮
曹 墨健一
杨 苏瑞
李 盛
顾 金

博报堂生活综合研究所（东京）

岛本 达嗣
石寺 修三
堀 宏史
夏山 明美
三矢 正浩

身 处 时 代 变 化 潮 流 中 的
年 轻 化 生 活 者

热 活 族

生活者"动"察2019
The Dynamics of Chinese People
博 报 堂 生 活 综 研（上 海）

图书在版编目(CIP)数据

热活族：身处时代变化潮流中的年轻化生活者 / 博
报堂生活综研（上海）市场营销咨询有限公司著.
－上海: 文汇出版社, 2019.12
ISBN 978-7-5496-3070-7

Ⅰ.①热… Ⅱ.①博… Ⅲ.①生活方式－研究 Ⅳ.①C913.3

中国版本图书馆CIP数据核字(2019)第259921号

热活族：身处时代变化潮流中的年轻化生活者

策划推进 / 博报堂生活综研(上海)市场营销咨询有限公司
责任编辑 / 戴铮
装帧设计 / 格拉慕可企业形象设计咨询(上海)有限公司
　　　　　阿部雪绘

出版发行 / **文匯**出版社
　　　　　上海市威海路755号
　　　　　（邮政编码200041）
经　　销 / 全国新华书店
印刷装订 / 上海颛辉印刷厂
版　　次 / 2019年12月第1版
印　　次 / 2019年12月第1次印刷
开　　本 / 889×1194 1/16
字　　数 / 60千
印　　张 / 7.50

ISBN978-7-5496-3070-7
定　　价 / 48.00元